Magisch KOCHEN

MANUEL HOREYH

Fachberatung: Haubenkoch Yves Weisang

UEBERREUTER

Team »Magisch Kochen«:

Produktion: King Mediaworld OG

Idee, Konzept & Projektleitung: Manuel Horeth

Konzept & Fachberatung: Maître Yves Weisang

Fotograf: Patrick Kirschhofer / www.kirschhofer.de

Foodstyling: Nicole Horeth

Redaktionelle Mitarbeit: MMag. Magdalena Eder, Carmen Raos, Sylvia Weisang

Covergestaltung & Layout: Ursula Kothgasser, www.koco.at

Magisch Kochen im Internet: www.magischkochen.at

ISBN 978-3-8000-7499-0

Coverfoto/Fotos: © Patrick Kirschhofer,www.kirschhofer.de
Weitere Fotos: Fotolia.com: © unpict (S 20), Le Do (S. 22), rimglow (S. 23),
Elena Schweitzer (S. 58), Giuseppe Porzani (S. 61), Norman Chan (S. 93),
Christian Jung (S. 94), Yasonya (S. 95), Matthias Ott (S. 96)
© Ursula Kothgasser (S. 57), Titelfoto »Glück« (S. 86): © Heimo Spindler,
Titelfotos »Aus aller Welt« (S. 124): © Manuel Horeth privat

Druck: Ueberreuter Print, A-2100 Korneuburg
7 6 5 4 3 2 1

Ueberreuter im Internet: www.ueberreuter.at

YVES WEISANG, Haubenkoch aus Frankreich, führte sein Weg als gastronomischer Berater und Ausbildner nach Los Angeles, San Diego und Chicago. 2001 erkochte er als Küchenchef des Restaurants Haller eine Gault-Millau-Haube. Mit seiner Frau Sylvia führte er über Jahrzehnte sehr erfolgreich Restaurants wie den Stiftskeller Mattsee, das Fischerstüberl Mattsee oder das Restaurant des Yachtclubs Attersee.

MANUEL HORETH, Starmentalist aus Österreich, begeisterte Millionen Zuseher bei »The next Uri Geller« auf ProSieben, seiner eigenen Hauptabendserie »Manuel Horeth – der Mentalist« in ORF 1 und unzähligen TV-Auftritten wie z. B. Stefan Raabs »TV Total« oder »Wir sind Kaiser«. Manuels erstes Buch »Wir sind alle Mentalisten – das Geheimnis der 5 Sinne« wurde in Österreich ein Bestseller.

Inhalt

Inhalt

GLÜCK

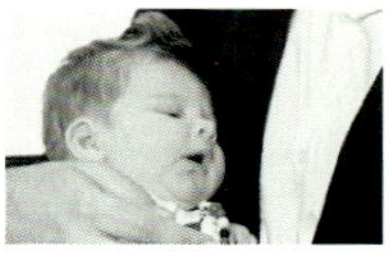

AUS ALLER WELT

Vorwort

Liebe Leserin, lieber Leser!

Es freut mich sehr, dass mein Buch »Magisch Kochen« Ihre Neugier geweckt hat und Sie sich nun an die Zubereitung faszinierender Gerichte wagen wollen. Eine Frage, die Sie sich vielleicht bereits gestellt haben, oder noch gestellt hätten, möchte ich gerne vorweg beantworten:

»Warum schreibt ein Mentalist ein Kochbuch?«
»Ganz einfach, weil Kochen pure Magie ist!«

Als Mentalist bereite ich Menschen emotionale Erlebnisse, indem ich sie für außergewöhnliche Situationen und Gedanken öffne. Dies funktioniert durch eine ausgewogene Mischung aus Psychologie, charmanter Beeinflussung und Illusionstricks. Ähnliches ist auch beim Kochen möglich und machbar.

Schon lange interessiere ich mich für Naturvölker und ihren über Generationen zum Teil mündlich überlieferten Umgang mit Nahrungsmitteln, Kräutern und Gewürzen sowie das Wissen über deren magische Kräfte im körperlichen und auch seelisch-geistigen Bereich.

Der Mentalist und der leidenschaftliche Koch in mir möchten Sie nun mit diesem besonderen Kochbuch dazu inspirieren, aus Ihrer Alltagsküche zu entfliehen, mehr Spaß am Experimentieren zu bekommen und die Gelegenheit zu nutzen, mit magischen Gerichten zu überraschen und zu verführen.

Ich habe die Arbeit an diesem Kochbuch sehr genossen, bedanke mich bei allen, die an diesem Projekt beteiligt waren, für die spannende Zeit und auch Ihnen wünsche ich jetzt viele magische Momente und guten Appetit!

Ihr Manuel Horeth

Projekt Magisch Kochen

Die Leidenschaft des Kochens ...

... und das Interesse an magischen Wirkungen von Gewürzen und Kräutern haben mich auf die Idee gebracht, das etwas andere Kochbuch zu entwerfen. Mein Ziel: Neues kreieren, Altes beleben und Vergessenes aktivieren. Für dieses Projekt konnte ich als Fachberater einen Menschen gewinnen, den ich nun schon seit vielen Jahren kenne und sehr schätze – Haubenkoch Yves Weisang.

Gemeinsam begannen wir, dieses Projekt zu entwickeln, besuchten Märkte und kulturspezifische Läden, befragten Experten, recherchierten altes Wissen und ließen unseren Gedanken freien Lauf. Im Rahmen unserer Zusammenarbeit nutzten wir die vielen gemeinsamen magischen Momente, in denen lose Gedanken zu konkreten Vorstellungen wurden.

Die gemeinsame Basis der Gerichte in diesem magischen Kochbuch ist die spezielle Wirkung auf den Körper, den Geist und die Seele von uns Menschen. Kräuter, Gewürze und viele andere Zutaten haben bewiesenermaßen eine starke Auswirkung auf unser Leben. So gibt es beispielsweise Zutaten, die **»Lebensenergie«** wecken, **»Liebe und Lust«** stärken und aphrodisierend wirken, oder solche, die **»Glück«** und Wohlbefinden positiv beeinflussen.

In diesem Kochbuch geht es darum, die Magie in Gerichten zu entfachen und durch die ungewöhnliche Zusammenstellung und Kombination von Zutaten und Inhaltsstoffen etwas Neues, Besonderes zu entwickeln.

Als zusätzliche Gaumenfreude haben wir das Kapitel **»Magische Gerichte aus aller Welt«** kreiert. Schon die Urvölker dieser Welt verbanden die tägliche Nahrungsaufnahme mit Ritualen, Sternenbeobachtungen und gesellschaftlichen Festen.

Die Vision unseres Projektes »Magisch Kochen« ist die Veränderung der Alltagsküche hin zu einer inspirierenden Festtagsküche, in der die Wirkungen unserer Lebensmittel sinnvoll genützt und eingesetzt werden. Die Gerichte sollen einladen zu gemeinsamen Ritualen und angeregten Gesprächen unter Freunden.

LEBENSENERG

Begegnung mit Latifah

Eine Geschichte zur Lebensenergie der Yorubas aus Nigeria

Die Dämmerung ist bereits hereingebrochen und ich bin auf dem Rückweg durch den Wald der Worte. Ich sehne mich nach einem Bad, Essen und nach einem weichen Bett. Doch der Weg wird von Schritt zu Schritt unendlicher und ich trotte müde, freudlos und schicksalsergeben dahin. Am Ende meiner Kräfte stoße ich auf eine windschiefe, verwitterte Hütte, vor der einladend ein Feuer brennt. Erschöpft lasse ich mich davor nieder und warte darauf, dass sich meine Lebensgeister wieder zu mir gesellen.

Unerwartet tritt aus dem dunklen Nichts lautlos eine Alte vor mich hin. Ein durchscheinend leuchtendes Wesen, von dem ich mir nicht sicher bin, ob es von dieser Welt ist. Einer Feder gleich legt sich ihre Hand zum Gruß auf meinen Scheitel und alle Schwere des Tages fällt von mir ab. Bei dieser Berührung fühle ich mich aufgehoben, in Sicherheit und geborgen. Plötzlich glaube ich zu wissen, wer die geheimnisvolle Alte ist. Latifah, von der mir die Dorfgemeinschaft erzählt hat. Keiner weiß, wann sie geboren wurde. Sie lebt bereits in den Geschichten ihrer Überlieferungen. Selten begegnet ihr jemand und wenn, dann benötigt er ihre Hilfe.

Ja, ich brauche ihre Hilfe auch. Mehr als ich dachte. Nicht nur körperliche Stärkung. Nein, viel mehr. Meine Gedanken sind krank und mein Herz tut weh. Ich habe kaum noch Lebensenergie und Lebensfreude.

Latifah bringt mir ein erfrischendes Getränk und einen stärkenden Brei. Hungrig falle ich über das Mahl her. Nachdem ich die ersten Bissen und Schlucke hastig hinabgewürgt habe, beginne ich das Ausmaß der Köstlichkeit, mit der ich hier verköstigt werde, erst richtig zu schmecken. Meine Geschmacksknospen öffnen sich bereitwillig dieser wundvollen Vereinigung von Gegensätzen wie süß und sauer, scharf und mild. Ich werde neugierig. Will alles erraten, was ich da zu mir nehme, und merke, wie dabei meine Kräfte wieder zurückkehren.

Währenddessen spricht Latifah zu mir: »Auch du bist ein Teil des untrennbaren Kosmos und hältst dich zur Zeit in der sichtbaren Welt der Lebenden auf. Die unsichtbare Welt wird von den Göttern, Geistern und unseren Ahnen bewohnt. Beide Welten werden von Ashé, der Lebensenergie, miteinander verbunden und zusammengehalten. Ashé, die Lebensenergie, ist der Atem allen Seins und die unerschöpfliche Quelle, aus der sich der Kosmos immer wieder selbst erschafft und ausgleicht. Wenn du als Mensch einatmest, fließt Lebensenergie in dich. Wenn du ausatmest, kehrt sie zu den Göttern, Geistern und Ahnen zurück, von denen sie kommt. Der Rhythmus des Ein- und Ausatmens bestimmt das Leben der Menschen und das der Götter und Geistwesen. Daher kommt und geht die Lebensenergie. Wenn sie einmal zu lange fort ist, dann fehlt sie dir und du machst dich auf die Suche nach ihr, wie du jetzt ...«

Satt und entspannt begleiten mich Latifahs Worte in den Schlaf. Regentropfen gleich sickern sie weiterhin langsam und nachhaltig in mein ebenso hungriges Bewusstsein.

Am nächsten Morgen erwache ich, frisch und gestärkt, durch den betörenden Ruf eines Vogels mit den verklingenden Worten von Latifah auf den Lippen: »... wenn du nach Lebensenergie suchst, findest du sie immer mit einem von dir gewählten Ritual!«

»Meiner Idee nach
ist Energie die erste
und einzige Tugend
des Menschen.«

Wilhelm von Humboldt

MAGISCHE GERICHTE FÜR

LEBENSENERGIE

Magische Zutaten

Acaibeere
Die Urvölker des Amazonas kennen die Wirkungen von Acai, der magischen Powerbeere, seit vielen Jahrhunderten. Ihr Saft, ein spürbarer Energy-Drink, wird auch bei uns langsam bekannt. Der hohe Gehalt an Antioxidantien, den Schutzengeln für unsere Körperzellen, Eisen und anderen wertvollen Inhaltsstoffen stärkt das Immunsystem, verleiht Kraft und Ausdauer.

Banane
Die Banane ist ein Energielieferant und ihre Inhaltsstoffe sind ungewöhnlich ausgewogen und vielfältig. Die Banane kann dadurch auch ein »Antreiber« für das Gehirn sein. Sie ist von allen Obstsorten einer der stärksten Power-Spender und enthält viel Kalium und jede Menge Kohlenhydrate.

Bärlauch
Schon die alten Römer und Germanen nahmen gerne Bärlauch zu sich, denn sie glaubten, dass ihnen das Bärenkräfte verleihen würde. Der Name Bärlauch zeigt, dass diese Pflanze schon damals bedeutsam war, da Kraft- und Heilpflanzen oft nach Krafttieren benannt wurden.

Bohnenkraut
Durch dieses Kraut wird der gesamte Organismus angeregt. Bohnenkraut verbessert die Leistungsfähigkeit des Menschen und gibt Energie und Kraft. Ein magischer Tipp ist, Bohnenkraut mittags zu essen, weil man dadurch am Nachmittag nicht so müde wird.

Brennnessel
Die Brennnessel hat einen sehr hohen Gehalt an vitalisierenden und heilsamen Wirkstoffen. Sie ist vor allem ein Tonikum, also ein Stärkungsmittel. Sie stärkt das Bewusstsein für unseren Körper und wirkt wie eine magische Tür für den Energiefluss. Sie fördert die Lebens-, Willens- und Tatkraft.

Chili
Die kleinen, scharfen Früchte haben eine kräftigende und reinigende Wirkung. Sie regen den Kreislauf an und fördern die Durchblutung und die Verdauung. Ihre stark anregende Wirkung kann die Sinnlichkeit wecken und sie wirken Energiemangel und psychischen Schwächesymptomen magisch entgegen.

Erdbeeren

Botanisch gesehen handelt es sich beim Fruchtfleisch der Erdbeere nicht um eine Frucht, sondern um eine verdickte Blütenachse der Erdbeerpflanze. Die Erdbeere selbst wirkt vitalisierend und aktivierend nach der langen Zeit des Winters.

Ginseng

Ginseng ist eine wirkungsvolle Pflanze zur Steigerung der mentalen Leistungsfähigkeit. Die sibirische Kraftwurzel stärkt das Immunsystem, fördert die Herz-Kreislauf-Funktionen und hat sich auch als Kräftigungs- und Stärkungsmittel bewährt.

Granatapfel

Der Granatapfel ist eine der ältesten Kultur- und Heilfrüchte der Menschheit und ein wahrer Bodyguard für unsere Zellen. Im Orient gilt er seit jeher als Symbol für die Unsterblichkeit. Im Alten Testament ist er das Sinnbild für die Lebensfülle. Auch die alten Chinesen sagten, dass der Granatapfelsaft Unsterblichkeit und Langlebigkeit bringt.

Hagebutten

Diese Power-Frucht versorgt uns mit Vitamin C, welches wir zur Stärkung unserer Abwehrkraft vermehrt benötigen. Außerdem wirkt sie sich positiv auf unsere Lebenskraft aus, da sie die Produktion wichtiger Hormone ankurbelt.

Himalayasalz

Die im Himalayasalz gebundenen Elemente sind eine Wohltat für Körper und Geist. Die magische Wirkung seiner Energie ist wissenschaftlich anerkannt. Das Lecken am Himalayasalzstein gibt Energie und alkalisiert die Körpersäfte.

Magische Zutaten

Himbeeren

Die Himbeere ist äußerst vielfältig und reich an Vitaminen, Spurenelementen und wertvollen Pflanzeninhaltsstoffen. Ihr wird eine appetitanregende Wirkung nachgesagt, sie stimuliert Abwehrmechanismen, unterstützt das Immunsystem und regt den Stoffwechsel an. Diese Energiefrucht stärkt die Sinne wie das Sehen, das Riechen und das Schmecken.

Hirse

Hirse ist ein Süßgras und das mineralstoffreichste Getreide der Welt. Sie enthält wertvolles Lezithin, das einen lebenswichtigen Bestandteil in unserem Organismus darstellt und in jeder Zelle unseres Körpers benötigt wird. Es steigert nicht nur die Konzentration, sondern auch die Leistungskraft für unser tägliches Leben.

Holunderblüten

Früher pflanzte man den Holunder zum Schutz gegen böse Geister und gegen den Blitzschlag an. Die im Holunder enthaltenen Spurenelemente und Vitamine aktivieren das Immunsystem und fördern die Konzentrationskraft.

Ingwer

Schon Konfuzius schätze vor 2500 Jahren den Ingwer. Er erwärmt den Körper, führt Energie zu und wirkt anregend. Ingwer kann energetische Blockaden lösen und fördert die Entscheidungskraft. Außerdem gilt Ingwer als mächtige Schutzpflanze vor schwarzer Magie.

Jiaogulan

Erst seit wenigen Jahren ist die erstaunliche Wirkung von Jiaogulan, dem »Kraut der Unsterblichkeit«, bekannt. Wenn Sie erschöpft sind und Ihre Aufmerksamkeit eingeschränkt ist, regt Jiaogulan das Gehirn und das Nervensystem an. Dadurch wird Adrenalin ausgeschüttet und die Schilddrüse aktiviert. Durch diese magische Beeinflussung wird der Stoffwechsel angeregt und Sie fühlen sich energetisiert.

Kaffeebohnen

Koffein ist der Hauptwirkstoff des Kaffees. Koffein hat zwar ein relativ breites Wirkungsspektrum, in geringen Dosen ist es jedoch in erster Linie eine Substanz mit anregender Wirkung auf die Psyche, die Antrieb sowie Konzentration steigert und Müdigkeit beseitigt.

Kaki

Die Kakifrucht ist auch unter dem Namen Dattelfeige bekannt. Übersetzt heißt Kaki »Frucht des Zeus«. Ursprünglich kommt sie aus Asien. Kakis liefern sehr schnell brauchbare Energie, durch den hohen Glucoseanteil bringen sie unser Gehirn wahrlich auf Touren.

Kardamom (grün)

Die kleinen Kapseln dieser Pflanze enthalten aromatische Samen, aus denen das würzige Kardamompulver gewonnen wird. Dieses Pulver hat eine stärkende Wirkung auf Herz, Kreislauf und Gedächtnis. Das intensive Aroma stimuliert den ganzen Körper und schenkt neue Energie und Lebenskraft.

Kerbel

Kerbel fördert die Magensaftsekretion und regt Kreislauf und Stoffwechsel an. Die alten Ägypter gaben Kerbel als Grabbeigabe für den Pharao Tutenchamun. Es war als kräftigende Wegzehrung für die Reise ins Jenseits gedacht.

Knoblauch

Schon die Ägypter und Römer machten reichlich vom Knoblauch Gebrauch. Sie hielten ihn für ein ausgezeichnetes Stärkungsmittel, für reich an kräftigenden Eigenschaften und betrachteten ihn daher als ein besonders für Soldaten und Arbeiter geeignetes Lebensmittel.

Koriander

In der Naturheilkunde setzt man den Koriander heutzutage zur Stärkung des Magens und des Darmes ein. Koriander regt den Appetit an und hat eine vitalisierende, erfrischende Wirkung.

Muskatnuss

In Asien ist die Muskatnuss in sehr geringer Menge eine wichtige Heilpflanze zur Stärkung von Nerven. Im Mittelalter wurde sie in Europa für ihre energetisierende und anregende Wirkung als Heilpflanze sehr geschätzt. Auch manche Energy-Drinks beinhalten Elemente der Muskatnuss.

Magische Zutaten

Petersilie
Bereits Herkules schmückte sich mit einem kraftspendenden Petersilienkranz. Im Mittelalter diente die Petersilie zur Vertreibung von bösen Hexen und Geistern. Sie wirkt durch ihren hohen Vitamin-C-Gehalt stärkend, belebend und hilft gegen Frühjahrsmüdigkeit.

Pfeffer
Pfeffer ist mit seiner Schärfe ein Gewürz, das den Körper erwärmt und festigt. Außerdem ist Pfeffer appetitanregend und wirkt stoffwechsel- und verdauungsförderlich.

Pinienkerne
Pinienkerne sind so reich an Vitamin B1 wie kaum eine andere Nuss. Das enthaltene Niacin unterstützt die Regenerierung von Haut, Muskeln, Nerven und der DNA. Das Vitamin B2 hilft bei der Umwandlung von Fetten, Proteinen und Kohlenhydraten in Energie.

Quinoa
Quinoa ist eine Körnerfrucht, die wie unser heimisches Getreide verwendet werden kann. Bereits vor 6000 Jahren wussten die Inkas Quinoa sehr zu schätzen und waren überzeugt von seiner heilenden Wirkung. Quinoa war für sie Kraftquelle und verlieh ihnen zugleich ein starkes Immunsystem.

Rote Rüben
Durch ihren Reichtum an Aufbaustoffen und den leicht aufnahmefähigen Zuckergehalt sind Rote Rüben ein ausgezeichnetes Kraftmittel. Sie stärken die Abwehrkraft, erfrischen und beleben den Körper.

Rosmarin
Im antiken Rom setzten sich Studenten Kränze aus Rosmarin auf, weil sie hofften, dadurch Prüfungen besser bestehen zu können. Rosmarin wirkt als magische Stärkung und Beruhigung der Nerven, dient jedoch auch der Belebung und Förderung der Durchblutung und für die Stabilisierung des Kreislaufs.

Schwarze Teeblätter

Das in den Teeblättern enthaltene Tein ist identisch mit dem im Kaffee enthaltenen Koffein und wirkt wie dieses anregend und belebend, aber nicht aufregend. Der Unterschied kommt daher, dass das Tein nicht über Herz und Kreislauf, sondern direkt auf das Zentralnervensystem einwirkt. Der Tee belebt langsam, nach und nach – die Wirkung hält dafür länger an und klingt auch langsamer ab.

Tannennadeln

Bereits Hildegard von Bingen und später Sebastian Kneipp beschrieben die heilende Wirkung der Tanne. Sie erkannten die durchblutungsfördernden und stärkenden Eigenschaften des Harzes. Die Tannenenergie öffnet neue Türen der Wahrnehmung und erweitert unsere Fähigkeiten des Sehens, Hörens, Fühlens und Wissens um eine Dimension

Vanille

Schon die Azteken und Indianer verwendeten sie gezielt als Stärkung für Gehirn und Herz sowie als Stärkungsmittel gegen Angst. Auch magische kräftigende Wirkungen werden der Vanille nachgesagt. Sie stärkt die körperliche und geistige Leistungsfähigkeit und aktiviert neue Lebenskräfte.

Zimt

Zimt hat die Eigenschaften der erhitzenden Wirkung, regt die Verdauung an und harmonisiert Körper und Geist. Zimt ist eine wirksame Pflanze für die Kräftigung des menschlichen Körpers und fördert die Energieproduktion.

Zitronenmelisse

Für die Volksmedizin war Melissa officinalis in früheren Epochen nahezu unentbehrlich. Zitronenmelisse wirkt belebend und anregend.

Verhexende Powersuppe

aus Brennnessel-Kaki-Zitronenmelisse mit Steinpilz-Polenta-Knödel

Die Brennnessel- und Melissenblätter waschen,
anschließend in Salzwasser blanchieren,
abgießen und in Eiswasser abschrecken.
Gut abtropfen und ausdrücken.
Danach alles klein schneiden.

Die kleinwürfelig geschnittenen Zwiebeln
und die Kartoffel in etwas Butter andünsten.

Die Haut von der Kakifrucht entfernen.
Das Fruchtfleisch der Kaki in einer Gemüsebrühe
weich dünsten.

Angedünstete Zwiebeln und die Kartoffeln sowie
Brennnessel- und Melissenblätter beifügen
und mit dem Mixstab fein pürieren.

Steinpilz-Polenta-Knödel: siehe S. 26

Brennnessel – heilige Pflanze der Nagas

Nagas sind Gottheiten der Unterwelt und sorgen für die Bodenfruchtbarkeit und das Pflanzenwachstum. Es sind die grundlegenden Lebenskräfte der Erde, die in ihnen verehrt werden. Die Brennnessel selbst ist ein Lebenselixier erster Güte, denn sie enthält feinstoffliche Energiefelder und hat somit eine direkte energetisierende und formbildende Wirkung auf den Körper.

Energiezutaten für 4 Personen

200 g junge Brennnesselblätter ohne Stiele
20 g Zitronenmelissenblätter
1 reife Kaki
60 g Zwiebel
30 g Butter
1 Kartoffel
700 ml Gemüsebrühe
Salz & Pfeffer
Muskatnuss, frisch gerieben

Steinpilz-Polenta-Knödel

60g Butter
250 ml Milch
200 g Polenta (Maisgrieß)
Salz
1 Handvoll Steinpilze
schwarzer Tee

Steinpilz-Polenta-Knödel

Für den Steinpilz-Polenta-Powerknödel die Milch mit wenig Butter und Salz aufkochen und den Maisgrieß einrühren bis eine homogene Masse entsteht.
Vom Herd nehmen und abkühlen lassen.

Die gesäuberten und geschnittenen Steinpilze in der restlichen Butter andünsten, wenig salzen und mit der Polentamasse vermengen. Im Anschluss gut abkühlen lassen und kleine Knödel formen.

Einen leichten Sud aus schwarzem Tee und Salz vorbereiten, aufkochen und die Knödel bei schwacher Hitze ca. 10 Minuten ziehen lassen.

In die Brennnessel-Kaki-Zitronenmelissensuppe die restliche Butter beifügen, nochmals kurz aufschäumen und mit frisch geriebener Muskatnuss, Salz und Pfeffer abschmecken.

Kaki – Energiefrucht des Zeus

Am 9. August 1945 fiel die Plutoniumbombe auf Nagasaki. Ein großer Teil der Stadt wurde zerstört, aber auf wundersame Weise überlebte ganz in der Nähe des Epizentrums ein Baum: Der Kakibaum oder Diospyros kaki. Seine Überlebenskraft machte diesen Baum zum Weltbaum. Und seine Früchte sind eine rasche und intensive Energiequelle und stärken den Körper.

Energetisierender Algensalat

mit Apfel-Rucola und magischem Energiedressing

Die Sherrytomaten halbieren, Paprika in grobe Streifen schneiden und den Apfel nach dem Entfernen des Kerngehäuses ebenfalls in mundgerechte Stücke schneiden. Danach die frischen Algen säubern und trocknen.

Den extra gut gewaschenen und geschleuderten Rucola mit den Tomaten, der Paprika, den Algen und dem Apfel in einer großen Schüssel mit dem magischen Energiedressing vermengen und anschließend anrichten.

Die Jakobsmuscheln öffnen und den Rogen entfernen. In aufgeschäumter Butter ca. 2 Minuten auf jeder Seite anbraten, damit ein leichtes Röstaroma entsteht. Die noch leicht glasigen Jakobsmuscheln zum Algensalat legen und mit Granatapfelkernen dekorieren.

Tipp: Frische Algen erhalten Sie beim Fischhändler oder im Großmarkt.

Algen – Power aus dem Meer

Algen enthalten die höchste Nährstoffdichte aller Lebensmittel überhaupt. Das Chlorophyll, das es den Pflanzen ermöglicht, aus Sonnenlicht Energie zu gewinnen, ist ein weiterer Faktor, der Algen sehr wertvoll macht. Es ähnelt unseren roten Blutkörperchen und aktiviert die Sauerstoffaufnahme unserer gesamten Körperzelle.

Energiezutaten für 4 Personen

12 Sherrytomaten
1 gelbe Paprika
1 rote Paprika
250 g Rucola
1 Apfel
4 Handvoll Algen/Seetang
1 Granatapfel
4 Jakobsmuscheln
etwas Butter

Magisches Energiedressing

Olivenöl
Apfel-Himbeer-Balsamico-Essig
Bohnenkraut
Himalayasalz
Pfeffer
Ingwer
Chili

Energiezutaten für 4 Personen
4 Semmeln
2 ganze Eier
250 ml Milch
1 Zwiebel
2 gekochte Kartoffeln
10 schwarze Oliven
300 g Ziegenkäse
Salz
Pfeffer
Muskatnuss
Rosmarin
Petersilie
Kerbel
Butterschmalz

Erdbeersalat
junger Blattspinat
Radieschen
Erdbeeren
Knoblauch

Kraftdressing
Holundersirup
Tomatenwürfel
Olivenöl
Himbeeressig
Salz

Fitnessknödel
aus der Elfenküche

mit vitalem Erdbeersalat

Die Milch leicht erwärmen, mit den Eiern versprudeln und über die Semmelwürfel gießen.

Die Zwiebel klein schneiden, glasig anrösten und ebenfalls unter die Knödelmasse mischen.

Die gekochten und geriebenen oder gepressten Kartoffeln, die klein geschnittenen schwarzen Oliven und den in Würfel geschnittenen Ziegenkäse damit vermengen.

Salz, Pfeffer, Muskatnuss, klein geschnittenen Rosmarin, Kerbel und Petersilie dazugeben. Alles gut vermischen und etwas ziehen lassen. Aus dieser Masse kleine Laibchen formen und in Butterschmalz knusprig ausbacken.

Den jungen Spinat, die geschnittenen Radieschen und Erdbeeren mit dem Kraftdressing vermengen und mit dem Fitnessknödel anrichten.

Ziegenmilch – Energy für Zelle

Ziegenmilch stärkt die Nerven und macht stark gegen Stress. Sie ist daher ein ideales Getränk, um fit für den Tag zu werden, den Körper jung zu halten und die Zellen zu stärken und zu regenerieren. Sie bewirkt eine Verringerung von Körperfett und Zunahme von Muskelmasse.

Geheimnisvoller Hexentopf

mit stärkender Ginsengwurzel

Energiezutaten für 4 Personen

300 g Schweinschopf
300 g Lammschulter
300 g Rindfleisch (Beinfleisch)
1 kg Kartoffel (festkochend)
Weißwein
3 mittlere Zwiebeln
1 Lauchstange
Kerbel
Bohnenkraut
Kardamom
Zimtstange
Salz
Pfeffer
Ginsengwurzel
(Apotheke, Reformhaus)
Lorbeerblätter

Das in Würfel geschnittene Fleisch in eine Schüssel geben und marinieren. Dazu die grob geschnittenen Zwiebeln, Lauch, Kerbel, Bohnenkraut, Kardamom, Zimtstange, Lorbeerblätter, Salz, Pfeffer und Ginsengwurzel vermengen und mit trockenem Weißwein bedecken. Alles luftdicht abschließen und für mindestens 12 Stunden in den Kühlschrank stellen.

Die Kartoffeln schälen und in dünne Scheiben schneiden. Das Backrohr auf 170° C vorheizen. Den Boden eines Bräters (mit Deckel) mit Kartoffelscheiben belegen, darüber das marinierte Fleisch schichten und mit den verbliebenen Kartoffelscheiben abdecken.

Die Marinade abseihen und über den Krafteintopf gießen. $^2/_3$ des Bräters mit Marinade auffüllen und mit geschlossenem Deckel 2 Stunden bei 170° C im Backrohr schmoren lassen.

Ginseng – die Menschenwurzel

Eines der bekanntesten chinesischen Kräuter ist Ginseng, auch Menschenwurzel und Energiewunder genannt. Es gehört zu den Qi-stärkenden Tonika, ist also ein Mittel, das dem Körper mehr Energie gibt. Es wird seit über 5000 Jahren verwendet.

Feng-Shui-Zander

mit Qi-Gemüse und Vanillepüree

Für das Püree die geschälten und würfelig geschnittenen Kartoffeln mit einer halben Vanilleschote in Salzwasser weich kochen. Währenddessen Milch mit Butter erwärmen. Die gekochten Kartoffeln pressen und in die erwärmte Milch geben. Mit Salz, frisch geriebener Muskatnuss und dem Mark der Vanilleschote vermengen und warm halten.

Die gekochten Roten Rüben in Würfel schneiden. In einer Pfanne braunen Zucker karamellisieren, fein geriebenen Ingwer mit den Roten Rüben hinzufügen, mit einem Spritzer Balsamico-Essig ablöschen und warm halten.

Das Zanderfilet auf der Hautseite in kurzen Abständen leicht einschneiden und in vier gleiche Portionen aufteilen, salzen und pfeffern. Auf der Hautseite in griffiges Mehl tauchen und den Rest des Mehles abschütteln.

Olivenöl und Pflanzenöl gemeinsam in einer Pfanne erhitzen und die Fischfilets auf der Hautseite bei nicht zu starker Hitze knusprig braten und wenden. Danach die Pfanne beiseite schieben und den Fisch durchziehen lassen.

Zur Geschmacksverbesserung Butter bei geringer Hitze langsam zerlassen, kurz aufschäumen bis sie braun ist und durch ein feines Sieb auf das Vanillepüree gießen. Mit frischem Koriander dekorieren.

Rote Rüben – Power der Erde

Die Rote Rübe ist ein wahrer Energiebrunnen, das Qi für uns Menschen. Das wusste man schon im antiken Griechenland. Damals wurden die dunkelroten Rüben so sehr geschätzt, dass man sie Gott Apollo auf einem silbernen Tablett darreichte. Die Rote Rübe wirkt sich positiv auf die Energiegewinnung der Zellen aus.

Energiezutaten für 4 Personen

800 g Zanderfilet
griffiges Mehl
Olivenöl
Pflanzenöl
frischer Koriander

Vanillepüree

500 g mehlige Kartoffeln
180 ml Milch
Salz
Pfeffer
Muskatnuss
Butter
Vanilleschote

Qi-Gemüse

400 g gekochte Rote Rüben
brauner Zucker
Ingwer
Balsamico

Die Wunder-Palatschinke

mit der Kraft der Inkas

Energiezutaten für 4 Personen

200 g Quinoamehl
(Reformhaus, Biomarkt)
4 ganze Eier
500 ml Milch
Bärlauch
Salbeiblätter
Süßholzextrakt (Lakritzenwurzel)
Butter
1 rote Zwiebel
300 g Schinken
Salz
Pfeffer
400 g Blattspinat
500 g grüner Spargel
Olivenöl
geschälte Tomaten

Für den Palatschinkenteig Quinoamehl, Eier, Milch und eine Prise Salz zu einem dicklichen Teig versprudeln. Den geschnittenen Bärlauch und die Salbeiblätter mit einem Schuss Süßholzextrakt dazumischen. Den Teig einige Zeit stehen lassen, bei Bedarf noch Milch dazugeben.

Die Palatschinkenpfanne erwärmen und etwas Butter darin schmelzen. Einen Schöpfer Teig in der Pfanne auseinanderfließen lassen. Palatschinke auf beiden Seiten goldgelb backen und danach im Backrohr warm halten.

Für die Fülle die fein geschnittene rote Zwiebel mit etwas Butter in der Pfanne andünsten und den in Streifen geschnittenen Schinken dazugeben. Den blanchierten, gut ausgedrückten Blattspinat mit der Zwiebel und dem Schinken vermengen und erhitzen. Mit Salz und Pfeffer abschmecken. Die Palatschinken füllen, zusammenrollen und im Backrohr bei maximal 80° C warm halten.

Für das Ragout den grünen Spargel ungeschält verwenden und das untere holzige Ende abschneiden. Den Spargel in Stücke schneiden und kurz in Olivenöl anbraten, geschälte Tomatenwürfel dazugeben und mit Salz und Pfeffer würzen.

Tipp: Die Palatschinke mit frisch geriebenem Käse bestreuen.

Quinoa – Kraftkorn der Inkas

Quinoa, eine der wichtigsten Kulturpflanzen im Inka-Reich, wird seit über 5000 Jahren angebaut. Die Pflanze wächst auf einer Höhe von 3000 bis 4000 m über dem Meeresspiegel. Quinoa-Körner wurden sogar bei Mumien im Inka-Reich gefunden. Mittlerweile gilt Quinoa als Energiekorn des 3. Jahrtausends und hat eine sehr positive Wirkung auf den Energie- und Muskelstoffwechsel.

Schamanischer Fasan für die Unsterblichkeit

mit Jiaogulan-Hagebutten-Sauce

Die Fasanenbrüste mit Salz und Pfeffer würzen. Eine Pfanne mit einem Esslöffel Butter erhitzen und die Fasanenbrüste auf beiden Seiten zwei Minuten anbraten.
Pergamentpapier auf das Backblech legen. Tannennadeln, Bohnenkraut und Wacholderbeeren gleichmäßig darauf verteilen.
Die angebratenen Fasanenbrüste darauf legen und mit dem Papier wie ein Bonbon zusammenwickeln.

Das Backrohr auf 90° C vorheizen, die Fasanenbrüste auf dem Backblech 20 Minuten garen.

Das überschüssige Fett aus der Pfanne nehmen, mit Staubzucker bestreuen und karamellisieren. Karotte, Zwiebel und Sellerie schneiden, dazugeben und weich dünsten. Das Tomatenmark unterrühren und ein wenig mitrösten. Mit Jiaogulantee ablöschen und weiterköcheln lassen. Den Geflügelfond und das Hagebuttengelee mit einem Schneebesen einrühren und reduzieren lassen.

Durch ein feines Sieb abseihen und die Sauce mit kalter Butter binden.

Maroni-Kartoffel-Auflauf: siehe Seite 40

Fasan – Krafttier der Schamanen

Der Fasan als Ritualtier schenkt Ausdauer und Kraft, ein Projekt anzugehen und auch durchzuführen. Er verhilft zu schöpferischen Gedanken und Visionen und bringt Zufriedenheit, Kraft und Stärke in irdischen Angelegenheiten.

Energiezutaten für 4 Personen

4 Fasanenbrüste
Salz
Pfeffer
Butter
Tannennadeln
Bohnenkraut
Wacholderbeeren

Jiaogulan-Sauce

Staubzucker
1 kleine Zwiebel
1 Karotte
1 Sellerie
Tomatenmark
Jiaogulan-Tee
(Reformhaus, Internet)
200 ml Geflügelfond
Hagebuttengelee
1 TL Speisestärke

Maroni-Kartoffel-Auflauf

500 g Kartoffel
1/4 l Sahne
Rosmarin
1 EL Butter
3 Eier
100 g gekochte Maroni
Salz
Pfeffer

Maroni-Kartoffel-Auflauf

Für den Auflauf Kartoffeln waschen, schälen und in gleichmäßige Scheiben schneiden.

Sahne mit Salz, Pfeffer und Rosmarin vermengen, die Kartoffelscheiben darin bei schwacher Hitze unter mehrmaligem Umrühren mit einem Kochlöffel so lange weich kochen, bis kaum mehr Flüssigkeit vorhanden ist. Die gekochten, klein geschnittenen Maroni daruntermischen.

Ein Ei und zwei Dotter mit einem Schneebesen kurz aufschlagen und unter die lauwarme Masse ziehen. Kleine Auflaufförmchen mit Butter ausstreichen, mit der Masse auffüllen und bei 180° C für 20 Minuten ins Backrohr geben.

Tipp: Dünne Scheiben Frühstücksspeck in einer Pfanne mit Öl bei nicht zu starker Hitze knusprig braten und Fasanenbrust damit dekorieren.

Jiaogulan – die Unsterblichkeit

Jiaogulan gibt neue Kraft und Energie – ohne den Einsatz von Tein oder Koffein. Ein Aufguss aus den süß-herb schmeckenden Blättern wird seit Jahrhunderten in den bergigen Regionen Südchinas verwendet – als belebender, verjüngender und täglich getrunkener Tee. Einige Leistungssportler verwenden die Pflanze, um Ausdauer und Konzentration zu erhöhen. Ein allgemein positiveres Lebensgefühl wurde nachgewiesen.

Teuflische Maccheroni

mit Flower-Power-Sugo

Energiezutaten für 4 Personen

- 400 g Maccheroni
- Salz
- Ingwer
- 2 Schalotten
- 2 Knoblauchzehen
- Olivenöl
- 2 Sardellenfilets
- 400 g Sardinen frisch oder aus der Dose
- 4 EL Pinienkerne
- Weißwein
- 100 g Oliven schwarz
- Petersilie
- 1 EL Kapern
- 1 EL Rosinen
- Rosmarin
- Chilischote
- Weißbrotbrösel
- 400 g geschälte Tomaten
- 8 Cocktailtomaten
- Margeriten

Maccheroni in Salzwasser mit ausreichend frisch geschnittenem Ingwer extra bissfest kochen. Abseihen und beiseite stellen.

Für die Sauce Schalotten klein hacken. Knoblauchzehen und Oliven in Scheiben sowie Sardinen (ohne Kopf) fein schneiden. Die Pinienkerne grob hacken.

Das Olivenöl erhitzen und die Schalotten mit dem Knoblauch goldgelb rösten. Mit Weißwein ablöschen und ein paar Minuten köcheln lassen. Oliven, Kapern, Sardellenfilets, Sardinen, Rosinen, geschroteten Chili, Petersilie, Rosmarin und geschälte Tomatenwürfel beifügen.
Einige Minuten bei kleiner Hitze durchziehen lassen, mit wenig Weißbrotbrösel die Flüssigkeit binden und halbierte Cocktailtomaten dazugeben.

Die Sauce mit den Maccheroni vermengen und fertig kochen.

Margeriten – wahre Flower Power

Margeriten sind reich an Saponinen, bei denen antibiotische, herzstärkende und immunstimmulierende Wirkung nachgewiesen werden konnten. Ein Margeritenstrauß im Haus soll außerdem Kraft für Klarheit und Freude schaffen und den Teufel fernhalten.

Energiezutaten für 4 Personen

1,5 l Milch
Vanilleschote
3 EL Braunzucker
Zimtstange
250 g Hirse geschrotet
250 g Buchweizen
Zimt gemahlen
Afrikanischer Pfeffer

Zauberkompott

200 g Zucker
Wasser
750 g Himbeeren
2 Äpfel
frische Ananasminze
Nelken
1 unbehandelte Zitrone

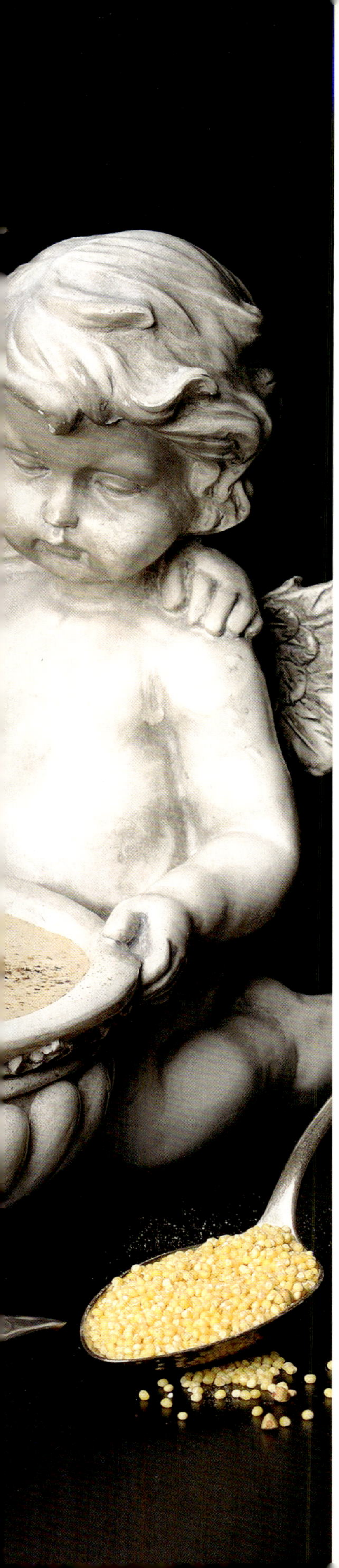

Bajra
Lebensbrei der Götter

mit Himbeer-Zauberkompott

Die Milch mit dem Mark einer Vanilleschote, braunem Zucker, einer Zimtstange, eingeweichter Hirse und dem Buchweizen bei schwacher Hitze für 30 Minuten unter vermehrtem Rühren quellen lassen. Die Zimtstange entfernen und den Brei in einem tiefen Teller servieren. Mit gemahlenem Zimt und grob geschrotetem »Afrikanischen Pfeffer« bestreuen.

Für das Kompott Zucker mit Wasser so lange kochen bis er sich leicht spinnen lässt. Über die Himbeeren gießen und kühl stellen.

Die geschälten, entkernten und geviertelten Äpfel mit etwas Wasser, Zucker und Nelken in einer Kasserolle zugedeckt bei kleiner Hitze weich dünsten.

Das Himbeer- und Apfelkompott zusammen in eine Schüssel geben. Etwas Zitronenabrieb einer unbehandelten Zitrone darüber streuen und mit frischer Ananasminze verzieren.

Hirse

Schon die Bewohner des indischen Rajasthan wussten von der magischen Energie von Hirse, die auf Hindi »Bajra« heißt, und sahen diese als göttliche Gabe. Sie weckt die magische Kraft, gibt dem Körper Kieselsäure. Hirse ist das magische Getreide par excellence und hilft entscheidend dabei, das eigene Zauberpotenzial zu finden und zu pflegen.

Voodoo-Powerknödel

mit magischem Amazonas-Acaibeeren-Spiegel

Energiezutaten für 4 Personen

500 g Topfen
60 g Butter
3 Eier
Salz
Zucker
Weißbrotbrösel
Weißer Sesam

Powerfülle

250 g Nougat
Kaffeebohnen
Chilipulver

Acaibeeren-Spiegel

Acaibeerenpulver oder -püree (Reformhaus, Internet)
600 g Joghurt
1 Vanilleschote
4 EL Honig
1 reife Banane

Für den Topfenteig passierten Topfen mit schaumig geschlagener Butter, den Eidottern, einer Prise Salz und etwas Zucker verrühren. Das Eiklar zu Schnee schlagen und vorsichtig unterheben. Weißbrotbrösel hinzufügen, bis ein leicht formbarer Teig entsteht.

Für die Fülle Nougat mit etwas Chilipulver zu einer kleinen Kugel formen und in die Kugel eine Kaffeebohne stecken.

Den Topfenteig mit angefeuchteten Händen in der Handinnenfläche flach drücken, die Nougatkugel hineinlegen und gleichmäßig umhüllen. Danach gut zusammendrücken. Es darf keine Luft zwischen Topfenhülle und Nougatkugel entstehen.

Das Wasser leicht salzen, nur wallen, aber nicht kochen lassen und die Topfenknödel einlegen. Sie sind fertig, wenn sie an die Oberfläche aufgestiegen sind. Die Powerknödel aus dem Wasser nehmen und in weißem Sesam wälzen.

Für den Spiegel das Acaibeerenpulver oder das Acaibeerenpüree mit dem Joghurt und dem Vanillemark verrühren und mit Honig süßen. Die Banane pürieren und daruntermischen.

Acai – Wunder des Amazonas

Die Acaibeere diente auch als Energiespender für die Ureinwohner des Amazonas. Diese so nützliche Beere war bis dato nur ihnen durch traditionelle Überlieferung bekannt – ein fast in Vergessenheit geratenes Geheimnis. Der Verzehr der Acaibeeren führt dazu, dass der individuelle Energielevel verbessert wird. Man fühlt sich dadurch aktiver und produktiver.

Magischer Energieshake

Zutaten für Energieshake

1 Kaki
1 Handvoll Minze
Granatapfelsaft
Holundersaft
Acaibeerenpulver
Tannenwipfelhonig
Chilipulver
frischer Ingwer
Granatapfelkerne

mit Kaki und Tannenwipfelhonig

Für den magischen Energieshake frischen Ingwer schneiden, in heißem Wasser ziehen lassen und nach 10 Minuten die Ingwerstücke entfernen.

Den so entstandenen Ingwertee mit Tannenwipfelhonig süßen, über die frische Minze gießen und abkühlen lassen.

Eine Kaki schälen und das Fruchtfleisch dazugeben.

Den Energieshake nun mit Holundersaft, Granatapfelsaft sowie einer Prise Chili- und Acaibeerenpulver würzen.

Den magische Energieshake eiskalt und mit Grantapfelkernen dekoriert servieren.

Energie-Ritual

Die Erde ist mit all ihren Mineralien ein magischer Energiespeicher. Sie speichert die Sonnenenergie und wandelt sie in Kraft um, die wir durch stärkende Nahrung zu uns nehmen, um sie dadurch wieder freizusetzen. Einen magischen Energiesaft in uns aufzunehmen, das sollte auch immer mit einem Ritual verbunden sein, um sich der Verbindung der Energien bewusst zu werden.

LIEBESLUST

Eine Tür öffnet sich

Eine erotische Geschichte für jedermann

Mit der Hoffnung eines Kindes starrt er in die Kristallkugel und wartet auf Bilder, die ihm die Zukunft zeigen.

Er hatte alles erreicht. Traumjob, Ansehen, Geld, ein tolles Haus. Seit heute ist das nicht mehr viel wert. Pelagia, seine Frau, war mit Ines und Ilias ausgezogen und wollte die Scheidung einreichen.

Er, der Clevere, der Stratege, war jetzt hilflos und verzweifelt. Wusste sich keinen Rat, um das zu verhindern. Auch fiel ihm niemand ein, mit dem er darüber sprechen könnte. Seine Kollegen und Geschäftsfreunde hatten solche Situationen bereits hinter sich und waren inzwischen überzeugte Singles geworden oder mit einer jüngeren Herzeig-Frau zusammen. Ein aufmunternder Schulterklopfer und eine Einladung zu einer heiß durchzechten Nacht mit willigen Frauen wäre ihre Antwort. Nein, danke.

Sex war immer gut. Sex ohne Liebe schmeckt allerdings wie Fastfood. Bedeutet einfach nur Hunger befriedigen, satt werden. Sex mit Liebe hingegen ist ein Festessen. Wenn er ehrlich war, dann war der Sex mit seiner Frau inzwischen von seiner Seite ebenfalls zu Fastfood verkommen. Er war nur noch selten zu Hause, hatte keine Zeit für Pelagia und die Kinder. Und sie? Sie hatte sich noch lange bemüht, an den Spaß von früher, an ihren gemeinsamen erotischen Genuss anzuknüpfen. Sie hatte ihre Liebe zu ihm nicht vergessen.

Wie oft musste sie abends auf ihn warten. Hat ihn trotzdem beim Heimkommen voller Freude und Zärtlichkeit umarmt. Mit ihrer in Besitz nehmenden Wärme der nüchternen Welt, aus der er gerade kam, die Tür vor der Nase zugeschlagen. Ihn in ihre gemeinsame Geborgenheit hereingeholt, in der er ganz einfach nur er sein konnte. Er erinnert sich an das wundervolle Duftgemisch aus Körper und Lieblingsparfum, das Erwartungen ihn im wachrief. Er kann plötzlich ihre unsichtbare Nähe, die ihn immer beflügelt hat, fast greifen. Oh, wie er sich nach ihr und ihrer Liebe sehnt.

Jedes Mal empfing ihn ein in warmes, gedämpftes Licht gehüllter Wohnraum. Ihrer beider Lieblingsmusik rieselte beim Eintreten sanft auf seine gestresste Seele, die sich aufatmend im Auf und Ab der Töne zu entspannen begann. Aphrodisische Gerüche nach gebratenem Fleisch, Gewürzen, Gemüse, feinen Saucen, Kräutern, prickelnden Süßigkeiten und gutem Wein strömten auf ihn ein und formten sich zu einem lustvollen Bild, dessen atmosphärischer Einladung er widerstandslos folgte. Selbst Tischgeschirr und Dekoration dienten der Appetitanregung und der Steigerung dieser erotischen Stimmung, die inzwischen Besitz von ihm ergriffen hatte und der er sich nur noch ergeben wollte.

Begann sie die Speisen aufzutragen, beherrschte ihr Auftritt sein Blickfeld und forderte seine volle Aufmerksamkeit. Leicht, tänzelnd bewegte sie sich auf ihn zu. Berührte ihn beständig absichtsvoll unabsichtlich. Ein Hauch ihres Atems auf seinem Haar. Ein Streifen seines Arms. Ein Reiben ihres Knies an seinem Schenkel. Wenn sie sich von ihm wieder entfernte, verlangte es ihn, nach ihrem Körper zu greifen, an dem er sich ebenso gerne gustiert hätte wie an den Köstlichkeiten, die sie ihm vorlegte.
Mit jedem genussvollen Bissen wurde zwar sein Hunger gestillt, aber gleichzeitig wuchs sein Verlangen, sie zu lieben. Am Ende glitten sie beide in eine lustvolle Umarmung, die sich in ein sinnliches Hochempfinden ergoss, in dem sie beide fast vergingen.

Er spürt ein leichtes Zittern der Kristallkugel, Nebelschleier wallen auf, und als sie sich lichten, sieht er Pelagia, wie sie ihm lächelnd die Tür öffnet ...

»Weibliche Nacktheit
muss man den Männern
mit dem Teelöffel geben,
nicht mit der Schöpfkelle.«

Coco Chanel

MAGISCHE GERICHTE FÜR LIEBESLUST

Suppenkuss vom Fisch & Fenchel

Vodoo-Liebessuppe

Liebescarpaccio

Sinnlicher Rosenblütensalat

Liebeslachs

Fruchtiger Seitensprung

Litschi-Kalbsleber im Tantrarausch

Romantisches Duett vom Wild

Zärtliches Feigen-Tonkabohnen-Parfait

Maca-Papaya Venushügel

Lusttropfen

Magische Zutaten

Ananas
Diese köstliche Frucht ist ein wunderbares Aphrodisiakum. Sie ist reich an Vitamin C und hilfreich bei der Behandlung von Impotenz.

Austernsaft
Als beliebte Delikatesse und Inbegriff von Erotik, wenn man von Lebensmitteln spricht, genossen Austern schon im Römischen Reich einen liebessteigernden Ruf. Während des 17. Jahrhunderts galt die Auster als die Verkörperung des Aphrodisiakums.

Avocado
Das enthaltene Vitamin E kann Lust und Fruchtbarkeit erhöhen. Die Avocado ist eine wahre Wunderfrucht, die bereits von den Azteken und Inkas hoch geschätzt und als Aphrodisiakum verwendet wurde.

Basilikum (Tulsipflanze)
Viele Mythen haften ihm an: Er gilt schon seit Jahrhunderten als Heilmittel gegen Unfruchtbarkeit und Lustlosigkeit. Das wohlschmeckende, herrlich duftende Kraut wird heute noch, gerade in den südlichen Ländern, zur Steigerung der Lust und Sinnlichkeit benutzt.

Chili
Der in Chili enthaltene Wirkstoff Capsaicin steigert die sexuelle Leidenschaft. Der Charakter der Chili ist von äußerst feuriger Natur, schon kleinste Mengen entfachen Flammen der Lust.

Damiana
Damiana ist eine Pflanzenart der Gattung der Safranmalven. Bekannt ist der Einsatz als Aphrodisiakum – sie fördert die erotische Stimulation und eine Verstärkung der Sensibilität der Haut. Damiana wirkt sehr entspannend und sexuell erregend.

Erdbeeren
Erdbeeren sollen mehr Lust auf Sex machen, denn sie enthalten viel Zink, das der Körper zur Produktion des Lusthormons Testosteron nutzen kann. Eine Handvoll Früchte kann reichen, um die lustvolle Erregung anzukurbeln.

Erdnuss
Erdnüsse enthalten die Aminosäure L-Arginin, ein pflanzliches »Viagra«. Es entspannt die Blutgefäße und verbessert ihre Durchblutung, nachweislich auch die des Penis.

Feige

Wie Sultaninen und Datteln gehören die Feigen zu den traditionellen Aphrodisiaka des Orients. Bereits im antiken Griechenland war man sich dieser Wirkung bewusst.

Fenchel

Fenchel war das »Viagra« der Antike. Das hier enthaltene Öl Estranol ist eine Substanz, die dem weiblichen Geschlechtshormon Östrogen ähnelt und sexuell berauschen soll. Fenchelsamen nur sparsam verwenden, sie können in zu hoher Dosis Halluzinationen hervorrufen.

Ginkgosamen

Ginkgo gibt der Manneskraft wieder neuen Schwung. Vor allem bei Potenzstörungen, die durch eine schlechte Durchblutung verursacht werden, gilt Ginkgo als ein sehr gutes Aphrodisiakum.

Goji

Der Ruf der Goji-Beere als kraftvoller Fruchtbarkeitswirkstoff und als Mittel zur Luststeigerung ist in Asien legendär.

Guarana

Hinsichtlich seiner stimulierenden Wirkung ist Guarana allen anderen Koffein enthaltenden Pflanzen weit überlegen. Die Wirkung ist intensiver und wird nicht selten von sexueller Erregung begleitet. In Südamerika gilt Guarana deshalb als Aphrodisiakum.

Ingwer

Ingwer, die alte Kulturpflanze aus Südostasien, soll Männer empfindsam und zärtlich machen, Frauen packt angeblich die Wollust. Die Scharfstoffe und ätherischen Öle wirken stimulierend und bringen die Stimmung auf Hochtouren.

Kapuzinerkresse

In Südamerika schreibt man ihr eine aphrodisierende Wirkung zu und nennt sie deshalb »flor de amor« – »Blüte der Liebe«. In den orientalischen Ländern verwendet man den Samen der Kresse zur Vitalisierung und zur Aphrodisierung von Mann und Frau.

Magische Zutaten

Kardamom
In der Sexualmagie wird Kardamom bei Liebeszaubern oder Ritualen zur sexuellen Anziehung verwendet. Wegen seines feurigen Geschmacks und des charakteristischen Duftes ergibt Kardamom ein anregendes und erregendes Aphrodisiakum

Knoblauch
Schon die alten Ägypter waren der Meinung, Knoblauch erhalte die Gesundheit und rege an. Die Knolle wurde verzehrt, um sich Lust und Kraft zu verschaffen. Auch heute noch gilt Knoblauch als starkes Aphrodisiakum.

Koriander
Schon die Ägypter schätzten den Koriander als Aphrodisiakum. In Wein eingelegt verstärkte er dessen berauschende Wirkung. Koriander kommt auch in vielen erotisierenden Räuchermischungen aus dem indischen und arabischen Raum vor.

Kürbis
Der Kürbis galt schon für die Indianer als erregendes Aphrodisiakum. Sein Samen enthält Tocopherol und das Fruchtbarkeitsvitamin E.

Kurkuma
Durch die unterschiedliche Wirksamkeit auf Geist und Körper hat Kurkuma in einigen Kulturen den Status eines magischen Gewürzes erlangt. So wird das Pulver als Liebeszauber und Aphrodisiakum verwendet, um die Gefühle zu wecken und Leidenschaft zu entfachen.

Linsen
Mit ihrem hohen Zinkanteil sind sie der »Samenstoff« schlechthin. Zink bewahrt die Spermien im Wartezustand vor dem Samenerguss vor unnötigem Energieverbrauch. Außerdem können Linsen die Libido der Frau erhöhen.

Litschi
Der Litschibaum ist in China beheimatet und wird dort schon seit etwa 1000 v. Chr. gezüchtet. Litschis sollen die Stimmung aufhellen und die Libido anregen. Viele Genießer schwören auf die aphrodisierende und anregende Wirkung dieser exotischen Frucht.

Lotusblütenwurzel

In Indien sind die duftenden Lotusblüten ein Symbol der göttlichen Vulva. Man benutzt sie zum Liebeszauber und der Duft gilt als erotisches Parfüm. In der traditionellen chinesischen Medizin werden die Staubgefäße vorbeugend gegen frühzeitige Ejakulation verordnet.

Maca

Maca, eine krautartig blühende Gemüsepflanze aus Peru, hat es in sich. Schon die Inkas wussten um ihre gesunde Wirkung. Sie hat einen positiven Einfluss auf die sexuelle Lust, wirkt potenzsteigernd und fördert die Fruchtbarkeit.

Mango

Die geschälte Mango-Frucht hat einen stark verführerischen Duft und Geschmack. Sie kurbelt unsere Sexualhormonproduktion an und fördert die Fruchtbarkeit. In Indien ist die Mango ein wesentliches Symbol der Liebe.

Marillen

In Europa wurden Marillen lange Zeit als Aphrodisiaka gehandelt. Die Marille gilt als die »weiblichste« aller Früchte und ist bei vielen Völkern als eine die Sinnlichkeit erregende Frucht bekannt.

Mohn

Er ist weltweit eines der ältesten Aphrodisiaka. Das im Mohn enthaltene Papaverin kann den Blutdrang im Penis-Schwellkörper steigern und so die männliche Potenz fördern. Auch wegen des großen Samenreichtums der Mohnkapseln galt Mohn seit jeher als Symbol der Fruchtbarkeit.

Muskatnuss

Die Muskatnuss enthält ein sexuell stark anregendes, berauschendes und Liebesreize weckendes ätherisches Öl, dessen Hauptbestandteil Myristicin ist. Bei der Dosierung von Muskatnuss ist Vorsicht geboten, eine ganze Muskatnuss kann bereits tödlich sein!

Papaya

Die in der Papaya enthaltenen Vitalstoffe und das Betacarotin wirken äußerst aphrodisierend auf den menschlichen Körper. Sie stimulieren die Gefühle und regen die Potenz an. Wir finden diese Stoffe daher in einer ganzen Reihe von Potenzpillen.

Magische Zutaten

Petersilie
Petersilie enthält in Wurzeln und Blättern ätherische Öle, die die Harnwege und den Uterus reizen und damit indirekt auf die Sexualorgane wirken.

Rosenblüten
Die Rose ist schon seit undenklichen Zeiten das Symbol der Liebe. Es heißt, dass die Rose aus dem Blut des Adonis entstand. Die germanische Liebesgöttin Freya schmückte sich mit der Rose und zu Ehren von Aphrodite feierte man Rosenfeste.

Safran
Das von Mythen umrankte Gewürz gilt bis heute als Aphrodisiakum. Zeus soll sich mit Safran parfümiert haben. Aufgrund seiner psychoaktivierenden Wirkung regt Safran den Geschlechtstrieb von Mann und Frau an und kann lange und intensive Orgasmusgefühle bewirken.

Salbei
Der Salbei gilt als stark aphrodisierende und erotische Essenz. Sein anregender Duft verzaubert unsere Sinne und schon im alten Ägypte wurde er als Heilpflanze hoch geschätzt. Kein Wunder, dass Salbei Bestandteil einiger Liebeselixiere und Liebeszauber ist.

Sellerie
Die Römer widmeten die Sellerieknolle Pluto, Gott der Unterwelt und Herrscher über die im Unbewussten brodelnden, ungezügelten Triebe. Heute noch ist Sellerie in Europa eines der bekanntesten pflanzlichen Aphrodisiaka. Roh gegessen soll er die sexuelle Lust bei Männern und Frauen befreien und zu anhaltender Ekstase führen.

Sesam
Im alten Babylon aßen die Frauen zur Erhaltung ihrer sexuellen Gesundheit und ihrer Fruchtbarkeit Süßigkeiten, die aus Sesamsamen zubereitet wurden. Das in Sesam enthaltene Niacin soll, vor dem Geschlechtsverkehr eingenommen, den Orgasmus steigern.

Spargel
Der Spargel, wohl eines der edelsten Gemüse überhaupt, enthält aphrodisierende Substanzen. Weibliche Unlust kann sich beim Genuss dieses schmackhaften Gemüses in pure Leidenschaft verwandeln.

Thunfisch

Durch die enthaltenen Omega-3-Fettsäuren kann der Dopamingehalt erhöht werden, wodurch das sexuelle Verlangen größer wird.

Tonkabohne

Ein Gewürz, das nach Vanille schmeckt und dem eine anregende Wirkung nachgesagt wird. Tonkabohnen bringen langsam die verborgenen sexuellen Wünsche, Sehnsüchte und Träume an die Oberfläche und verwöhnen die Sinne. In Südamerika werden sie schon lange als natürliches Aphrodisiakum eingesetzt.

Vanille

Sie stammt aus dem mexikanischen Regenwald und war schon im alten Amerika ein begehrtes Aphrodisiakum. Der Duftstoff der Vanille, das Vanillin, ist chemisch verwandt mit den Pheromonen, den Sexuallockstoffen, die wir bei sexueller Erregung verströmen. Daher rührt auch die erotisch stimulierende Kraft der Vanille.

Wassermelone

Wassermelonen sind nicht nur erfrischend, sondern können die gleiche Wirkung haben wie das Potenzmittel Viagra. Grund: Der Wirkstoff Citrullin, welcher in Wassermelonen enthalten ist, sorgt für eine Erweiterung der Blutgefäße und kann die Libido steigern.

Zimt

Zimt ist ein mildes Belebungsmittel für die Geschlechtsdrüsen ohne Dopingeffekt und erregt zusätzlich die sexuelle Stimmung durch seinen charismatischen Geruch.

Zink

Zink regt die Spermaproduktion an, verbessert dessen Qualität und hebt den Testosteronspiegel. Das in Zink enthaltene Dopamin ist ein biochemischer Botenstoff, der bedeutende Bestandteile für die Verbesserung der sexuellen Gesundheit bereitstellt.

Suppenkuss von Fisch & Fenchel

mit Austern-Liebesschuss

Fenchel von Strunk und Fäden befreien, halbieren und in dünne Scheiben schneiden. Zwiebelhälften ebenfalls in feine Scheiben schneiden, Knoblauch klein hacken.

Das Olivenöl in einer Kasserolle erhitzen, geschnittenen Fenchel und Zwiebel darin anschwitzen. Mit Knoblauch und Safranfäden anreichern und mit Weißwein ablöschen.

Anschließend mit Salz, Pfeffer, Chili abschmecken und Fischfond zugießen. Suppe so lange köcheln, bis der Fenchel und die Zwiebel bissfest gegart sind. Danach die geschälten Tomaten beifügen und einige Minuten weitergaren.

Die Fischfilets in mundgerechte Würfel schneiden und in die Suppe einlegen. Einmal kurz aufkochen lassen und in vorgewärmten Tellern servieren.

Für den extra Liebesschuss eine Messerspitze Zinkpulver und Austernsaft mischen, kurz erhitzen und in die Suppe rühren.

Fenchel – die Lustknolle

Die Römer glaubten, dass Fenchel das sexuelle Ausdauervermögen positiv beeinflusst. Fenchel wurde auch gebraucht, um die Libido zu erhöhen.

Liebeszutaten für 4 Personen

2 kleine oder 1 große Fenchelknolle
1 weiße Zwiebel
2 Knoblauchzehen
Olivenöl
Safranfäden
¼ l trockener Weißwein
Chili
Salz
Pfeffer
Fischfond
1 kleine Dose geschälte Tomaten
200 g entgrätetes Hechtfilet
200 g entgrätetes Zanderfilet

Extra Liebesschuss

1 Prise Zinkpulver (Drogeriemarkt)
1 Schuss Austernsaft

Voodoo-Liebessuppe

im »Erdnuss und Sellerie One-Night-Stand«

ebeszutaten für 4 Personen

1 Zwiebel
Sellerieknolle
Ingwer
125 g Erdnussbutter
Hühnerbrühe
Salz
Pfeffer
1/8 l Sahne
Chilischote
Limettensaft
Pflanzenöl
Salbeiblätter
4 Wachteleier
Essig

Zwiebel, Sellerieknolle und Ingwer schälen und sehr fein schneiden.

Die Erdnussbutter in einem Topf bei mäßiger Hitze erwärmen. Zwiebel, Sellerieknolle und Ingwer einrühren und weich dünsten. Mit Hühnerbrühe aufgießen und mit Salz, Pfeffer, Chili und Limettensaft abschmecken. Danach die Sahne dazugeben und das Ganze mit dem Mixer fein pürieren und aufschäumen.

Danach das Pflanzenöl erhitzen und die Salbeiblätter kurz frittieren und auf Küchenkrepp abtropfen lassen.

Das Wasser mit einem Spritzer Essig erhitzen, jedoch nicht kochen! Das Wachtelei aufschlagen und in eine kleine Schale geben. Vorsichtig mit einem Löffel in das Essigwasser gleiten lassen. Das Eiweiß umschließt nun den Eidotter. Danach vorsichtig herausnehmen.

Die aufgeschäumte Suppe in eine vorgewärmte Suppentasse geben, den frittierten Salbei und das Wachtelei darauf legen.

Tipp: Sie finden im Fachhandel sehr gute fertige Hühnerbrühe.

Voodoo-Liebeszauber

Geben Sie etwas, das der Person Ihrer Begierde gehört, die sich in Sie verlieben soll, auf die Vodoo-Puppe. Nehmen Sie die Puppe in die linke Hand und sprechen Sie mit geschlossenen Augen, während Ihr Ringfinger der rechten Hand auf das Herz der Puppe drückt: »Si vis amari, ama!« Die Chance ist groß, dass sich der oder die Verzauberte plötzlich zu Ihnen hingezogen fühlt.

Liebescarpaccio

Liebeszutaten für 4 Personen

400 g frischer Thunfisch
1 reife Mango
Olivenöl
Limettensaft
frischer Basilikum
frischer Koreander
Walnüsse
Salz
200 g Manchego-Käse
Fleur de Sel
Kresse

mit der aphrodisierenden Kraft der Tulsipflanze

Frischen, im Tiefkühlfach kurz angeeisten Thunfisch in feine Scheiben schneiden, zwischen zwei Klarsichtfolien legen und vorsichtig plattieren.

Mango schälen, mit einem Gemüseschäler in feine Streifen schneiden. Limettensaft und Olivenöl auf einem großen, flachen Teller verteilen. Mangostreifen in der Tellermitte dekorativ anrichten. Thunfischscheiben rundherum bis zum Tellerrand drapieren.

Für das Pesto Olivenöl, geschnittenen Koriander, geröstete Walnüsse, Basilikum und Salz im Standmixer pürieren. Die fertige Masse mit einem Löffel über dem Carpaccio verteilen.

Zum Abschluss das Liebescarpaccio mit grob geriebenem Manchego-Käse und einer Prise Fleur de Sel bestreuen und mit Kresse verzieren.

Tipp: Auch Butterfisch eignet sich für das Liebescarpaccio.

Basilikum – die Tulsipflanze

Ursprünglich aus Indien stammend und dort als Tulsi oder heiliges Basilikum bekannt, ist die Pflanze ein wichtiger Bestandteil der indischen Götterverehrung. Die Tulsipflanze wird als Verkörperung der Göttin Lakshmi angesehen und gilt als die heilige Pflanze ihres Göttergatten Vishnu, der die Schöpfung erhält und die Wirklichkeit erträumt. Dem heiligen Tulsistrauch werden in Indien aphrodisierende, luststeigernde Kräfte nachgesagt.

Liebeszutaten für 4 Personen

Pflücksalate
1 frische Ananas
unbehandelte Rosenblätter

Kugel der Lust

2 reife Avocados
1 Schalotte
Chili
Salz
Limette
Pfeffer
Guaranapulver
(Drogerie- od. Biomarkt)
Olivenöl
Tramezzinibrot
Sesamkerne
getrocknete Tomaten

Sinnliches Dressing

Rosenblütenwasser
Basilikumöl
Honig
Himbeeressig
Salz
Pfeffer
Guaranapulver

Sinnlicher Rosenblütensalat

mit Kugel der Lust

Den Pflücksalat gut waschen, trocken schleudern. Ananas schälen, vom Strunk befreien, in feine Scheiben schneiden. Zusammen mit den Rosenblättern unter den trockenen Pflücksalat mischen.

Für die Kugel der Lust die Avocado schälen, den Kern entfernen und mit der Gabel zerdrücken. Schalotte schälen, klein hacken. Mit Chili, Salz, Pfeffer, Limettensaft und Guaranapulver vermengen und in den Kühlschrank stellen.

Das Tramezzinibrot mit einem Teigroller zwischen zwei Klarsichtfolien ausrollen und in einer Pfanne mit Olivenöl auf beiden Seiten goldgelb rösten. Noch warm in eine Tasse legen, Backpapier darüber breiten und eine zweite Tasse darauf stellen. Nach dem Abkühlen herausnehmen und fertig ist eine kleine, knusprige Schale.

Aus der Avocadocreme kleine Kugeln formen und in gerösteten Sesamkernen und fein gehackten Trockentomaten wälzen. Die Kugel in die vorbereitete Tramezzinischale legen.

Aus Honig, Salz, Pfeffer, Basilikumöl, Rosenblütenwasser, Himbeeressig und Guaranapulver ein sinnliches Salatdressing zubereiten und den Pflücksalat mit den Rosenblättern vorsichtig unterheben. Auf einem großen, flachen Teller die Ananasscheiben anrichten und den marinierten Salat darauf drapieren. Die Kugel der Lust dazugeben, mit den restlichen Rosenblättern dekorieren.

Guarana – Sexualelixier der Amazonasindianer

Jahrhunderte hindurch hüteten die Indios des Tupi-Guarani-Stammes das Geheimnis um diese sagenumwobene Pflanze. Die Samen werden auch »Früchte der Jugend« genannt und lassen uns in Liebesangelegenheiten wieder jung werden. Guarana steigert die sexuelle Vitalität bei Männern und Frauen und ist für den Erhalt eines regen Sexualebens bekannt.

Liebeslachs

auf ekstatischen Damiana-Linsen

Die Linsen in kaltem Wasser ca. 2 Stunden einweichen. Die Fenchelknolle vom Grün befreien, Fäden und Strunk entfernen und in kleine Würfel schneiden. Zwiebel, Sellerieknolle und die gelbe Rübe ebenfalls schälen und kleinwürfelig schneiden.

Anschließend aus den Damianablättern einen Tee zubereiten. Linsen und Gemüse mit etwas Salz ca. 30 Minuten darin weich kochen.

Lachsfilets salzen, auf der Hautseite in griffiges Mehl drücken, überschüssiges Mehl abschütteln. Bei mittlerer Hitze auf der bemehlten Seite goldgelb braten. Vor dem Anrichten kurz wenden und eine Minute ziehen lassen. Der Lachs sollte in der Mitte leicht glasig sein.

In einer kleinen Kasserolle Eigelb mit Weißwein, Salz und Sahnekren über Wasserdampf schaumig schlagen.

Das Gemüse in der Mitte des vorgewärmten Tellers anrichten. Lachs mit der Hautseite nach oben darüber legen und den Meerrettichschaum mit einem Löffel über das Gericht träufeln.

Damiana – Aphrodisiakum der Maya

Schon die Maya verwendeten Damiana wegen seiner angeblich aphrodisierenden Wirkung. Mexikanische Frauen brauen daraus seit Jahrhunderten Tee, um durch seinen Genuss einen noch befriedigenderen Orgasmus zu erreichen.

Liebeszutaten für 4 Personen

600 g Lachs
Salz
Pfeffer
Olivenöl
griffiges Mehl
Sahnekren aus dem Glas
$^1/_{16}$ l Weißwein
1 Eigelb

Damianalinsen

150 g schwarze Linsen
1 Fenchelknolle
1 kleine Sellerieknolle
1 gelbe Rübe
1 kleine Zwiebel
Damianatee
(Teehaus, Internet)

Fruchtiger Seitensprung

im Wassermelonen-Marillen-Bad

Liebeszutaten für 4 Personen

Ginkgotee (Drogeriemarkt)
200 ml Wasser
¼ Wassermelone
400 g frische Marillen
Chili
Ursalz
Toastbrot
Olivenöl
200 g Schafskäse
Schinusbeeren oder roter Pfeffer

Wasser aufkochen, über den Tee gießen, 4 Minuten ziehen lassen und kalt stellen.

Wassermelone schälen und entkernen. Marillen und Melone klein schneiden und pürieren. Mit Chili, Ursalz und Ginkgotee verrühren und nochmals aufschäumen. Anschließend in den Kühlschrank stellen.

Aus Toastbrot Herzen ausstechen und in Olivenöl auf beiden Seiten knusprig braten.

Toastbrot dick mit Schafskäse (ca. ½ cm) bestreichen und im Backrohr goldgelb überbacken.

Die Suppe in ein breites, gut gekühltes Glas einfüllen, das Schafskäseherz in die Wassermelonen-Marillen-Suppe legen und mit Schinusbeeren oder rotem Pfeffer bestreuen.

Potenzgeheimnis Wassermelone

Wissenschaftler haben herausgefunden, dass Wassermelonen wie Viagra wirken können – und das ganz ohne Nebenwirkungen. Der Verzehr von sechs kleinen Schalen mit Melonenstücken soll angeblich bereits dieses Wunder bewirken.

Litschi-Kalbsleber im Tantrarausch

mit Selleriepüree

Liebeszutaten für 4 Personen

1 Zwiebel
Rosenpaprika
Pflanzenöl
4 dünne Scheiben geräucherter Speck
600 g enthäutete Kalbsleberscheiben ohne Nervenstränge
griffiges Mehl
2 EL Butterschmalz
Pfeffer aus der Mühle
Madeira
Kalbsfond oder Brühe
Butter
20 Litschis
Staubzucker

Selleriepüree

1 Sellerieknolle
1 große Kartoffel
1 Zitrone
Milch, Salz, Muskatnuss frisch gerieben
braune Butter

Zwiebel schälen und in Scheiben schneiden. Griffiges Mehl mit Paprika mischen, Zwiebelringe darin wenden und in erhitztem Pflanzenöl ausbacken. Speckscheiben ebenfalls auf beiden Seiten knusprig braten. Beides auf dem Küchenkrepp abtropfen lassen.

Für das Püree Sellerie und Kartoffel schälen, in kleine Stücke schneiden, mit Zitronensaft beträufeln, damit sie sich nicht verfärben. Die Sellerie- und Kartoffelwürfel getrennt im Salzwasser weich dünsten. Wasser abgießen. Den Sellerie mit dem Mixstab fein pürieren.

Die Kartoffeln pressen und mit dem Sellerriepüree vermischen. Milch, Salz, Muskatnuss und braune Butter unterrühren. (Braune Butter: siehe Kapitel 1: »Feng-Shui-Zander«)

Sellerie – die Stehwurzel

Aus einem Buch des 15. Jahrhunderts kann man lesen, dass Sellerie das Viagra von damals war. An einer Stelle im Buch heißt es: »Damit dich deine Frau für allemal lieb hat, nimm Selleriesaft und schmier den Zagel und die Hoden damit ein, so machst du es ihr wohl, dass sie keinen anderen lieber haben wird als dich.«

Kalbsleber

Kalbsleber gleichmäßig filettieren, in griffigem Mehl wenden und in Butterschmalz und Öl rasch auf beiden Seiten anbraten. Aus der Pfanne nehmen und auf einem Teller warm halten.

Den Bratenrückstand mit Madeira, Kalbsfond oder Gemüsebrühe ablöschen und einreduzieren. Die Sauce mit kalter Butter montieren und die Kalbsleber in die Sauce einlegen, mit Salz und Pfeffer abschmecken.

Staubzucker in eine Pfanne geben und erhitzen bis der Zucker karamellisiert. Die geschälten Litschis im Karamell wenden.

Tipp: Die Kalbsleber kann vor dem Anrichten mit Calavados flambiert werden.

Litschi – die Liebesfrucht

China ist die Heimat der Litschi. Dort hat man ihr den Namen »Liebesfrucht« gegeben. Diese Namensgebung geschah nicht grundlos, denn der zarte, süßsäuerliche Geschmack mit feinem Muskantnussaroma macht ganz klar Lust auf mehr. Der hohe Vitamin-C-Gehalt von Litschis steigert außerdem die Ausschüttung von Sexualhormonen.

Romantisches Duett vom Wild

mit Lotusblütenwurzel und Mohnnudeln

Für die Mohnnudeln die gekochten Kartoffeln pressen. Zusammen mit dem Mehl, Weizengrieß, Ei und Salz zu einem Teig kneten, eine Rolle formen und in kleine Scheiben schneiden. Daraus Nudeln formen und im Salzwasser 2 Minuten sieden lassen, abseihen und kalt abspülen.

Die mit Salz und Pfeffer eingeriebenen Wildfilets beidseitig je 5 Minuten anbraten. Anschließend im vorgeheizten Backrohr bei 90° C (medium 65° C) ca. 1,5 Stunden fertig garen.

Geschälte Zwiebel, Karotten und Sellerie kleinwürfelig schneiden und im Bratenrückstand anrösten. Mit Salz, Pfeffer, Tomatenmark abschmecken, mit Rotwein ablöschen.

Gewürzsackerl aus kurz angedrückten Wacholderbeeren, Nelken, Lorbeerblatt in die Sauce legen. Diese bei kleiner Hitze unter Nachgießen von Brühe sämig kochen. Die Sauce abseihen, mit Bitterschokolade und kalter Butter zu einer glänzenden Sauce verrühren.

Die geschälte Lotuswurzel in Zitronenwasser ca. 8–10 Minuten kochen. Aus dem Wasser nehmen, gut abtropfen und in Scheiben schneiden. In erhitztem Öl kurz anbraten, mit etwas Orangensaft zugedeckt fertig garen.

Die Schupfnudeln in einer Pfanne mit Butter erwärmen und mit Mohn bestreuen.

Lotus – die Liebeswurzel

Die Lotuswurzel ist eine stark wirksame Wurzel für alle Liebesangelegenheiten! Sie zieht die Liebe an und festigt sie. Außerdem eröffnet sie neue Möglichkeiten bei der Partnersuche.

Liebeszutaten für 4 Personen

400 g Rehfilet
400 g Hirschfilet
Pflanzenöl
Salz
Pfeffer
Zwiebel
Karotten
Sellerie
Lorbeerblatt
Nelken
Wacholderbeeren
Rotwein
Tomatenmark
Bitterschokolade (80%)
Butter
Orangensaft
geriebener Mohn
Lotuswurzel (Asiashop)

Mohnnudeln

200 g mehlige Kartoffeln
100 g griffiges Mehl
30 g Weizengrieß
1 Ei
Salz

Zärtliches Feigen-Tonkabohnen-Parfait

mit Erdbeerrose

Liebeszutaten für 4 Personen

4 reife Feigen
2 ganze Eier
1 Dotter
60 g Kristallzucker
30 ml Sahne
Tonkabohnen
(Wochenmarkt, Gewürzladen)
zartbitter Chilischokoladenspäne
grüner Pfeffer

Erdbeerrose

250 g frische Erdbeeren
Rosenwasser
Zucker
Cointreau

Für das Parfait Feigen schälen und pürieren. Einen Kessel auf Wasserdampf setzen und die ganzen Eier und den Dotter mit dem Zucker schaumig schlagen.

Anschließend die schaumige, warme Creme kalt rühren. Das Feigenmousse, die geschlagene Sahne und die geriebenen Tonkabohnen (ein bis drei Stück, je nach Geschmack) unterheben. Die Masse in Dariolförmchen oder Kaffeetassen füllen und ca. vier Stunden ins Tiefkühlfach stellen.

Die Erdbeeren in gleich große Scheiben schneiden und mit Rosenwasser, Zucker und Cointreau marinieren.

Fertiges Parfait mit Tonkabohnen bestäuben.

Tonkabohne

Die magische Kraft der Tonkabohne wird Ihnen einen intimen und romantischen Abend bescheren. Die Tonkabohne wirkt anregend und anziehend, weshalb sie in Parfums wie Chanels »Allure« Verwendung findet. In Südamerika wird ihr eine die Sexualität aktivierende Kraft nachgesagt. Man kann sie wie eine Muskatnuss über das Essen reiben oder bei Milchspeisen mitkochen. Eine Bohne ist so ergiebig, dass man sie zehn Mal verwenden kann.

Maca-Papaya Venushügel

auf Kürbisspiegel

Liebeszutaten für 4 Personen
2 reife Papaya
½ l Sahne
80 g Zucker
1 Vanilleschote
grüne Kardamomkapsel (od. -pulver)
Zimtstange
3 Blatt Gelatine
Macawurzelpulver
(Internet, Wochenmarkt)

Kürbisspiegel
250 g Speisekürbis
Kürbiskerne
Kürbiskernöl
Marillensaft
Zucker
Kurkuma
Ingwer

Papaya schälen, Kerne entfernen und klein schneiden. Das Mark der Vanilleschote gut auskratzen und in die Sahne geben.

Die Kardamomkapsel im Mörser leicht anstoßen und in der Sahne mit dem Zucker, einem gestrichenen Teelöffel Macawurzelpulver und der Zimtstange aufkochen. Danach abseihen.

Gelatineblätter in kaltes Wasser legen. Gelatine ausdrücken, mit der Venushügel-Panna-Cotta verrühren. In Dariolformen oder Gläser füllen und für ca. fünf Stunden abgedeckt in den Kühlschrank stellen.

Für den Kürbisspiegel den Kürbis schälen, in kleine Würfel schneiden und in einer Kasserolle mit Marillensaft, Zucker, Kurkuma und etwas fein geriebenem Ingwer weich dünsten. Danach mit dem Mixstab pürieren, mit einem Schuss Kürbiskernöl verfeinern und mit dem Venushügel anrichten.

Die Kürbiskerne in einer beschichteten Pfanne ohne Öl rösten und darüber streuen.

Maca – Viagra aus den Anden

Die Macawurzel ist in der Lage, die männliche Potenz zu steigern. So wurde festgestellt, dass sich die Spermiendichte und Spermienqualität durch die Einnahme von Maca deutlich verbessern lässt. Weiters führt Maca bei Männern und Frauen auch zu einem gesteigerten Liebesgefühl, mehr sexueller Aktivität und einer stärkeren Libido.

Lusttropfen

Liebeszutaten für 4 Personen

l Damianatee (Internet, Teehaus)
8 cl Pernod
¼ l Ananassaft
Selleriesalz
Feigensirup
1 Tonkabohne
(Wochenmarkt, Gewürzladen)
Basilikum
1 Prise Zinkpulver
(Drogeriemarkt)

als Vorreiter zum Höhepunkt

Damianatee zubereiten und abkühlen lassen.

Ananassaft, Pernod, Feigensirup und die geriebene Tonkabohne sowie eine Prise Selleriesalz und Zinkpulver zum kalten Tee mischen. Alles in einen Shaker oder Standmixer mit etwas Crushed Ice geben und shaken oder mixen.

Basilikumblätter in Gläser verteilen und die Lusttropfen eingießen.

5 Tipps für bessere Spermienqualität

Nr. 1: Häufiger Sex
Nr. 2: Rauch- & Alkoholverzicht
Nr. 3: Viel Vitamine A, B, C & E
Nr. 4 Reichlich Zink und Folsäure
Nr. 5: Regelmäßige Entspannung

GLÜCK

Fest
r die
öttin

Eine griechische Familiengeschichte

Ein prüfender Blick entlang der grün bewachsenen Hänge hinter dem Haus, hinauf zum azurblauen Himmel und vor mich hinunter zum tintenblauen Meer bestätigt: Heute zeigt sich das Wetter von seiner Sonnenseite.

Wie sollte es anders sein am Namenstag meiner Großmutter Agathé? Gott hab sie selig! – Agathé, das Gute, ist ein weiterer Name von Tyche. Einer machtvollen Titanin aus der alten griechischen Götterwelt, die als Schutzherrin für Glück, Abenteuer, Geschick, Schicksal, Gelingen und Wohlstand gilt. Großmutter hat sie aufgrund der Namensgleichheit nicht nur als persönliche, sondern als Beschützerin unserer ganzen Familie erwählt. Ihr Namenstag verlor im Laufe der Jahre an Bedeutung und wurde ersetzt durch ein Familienfest zu Ehren von Tyche.

Die Familie ist für jeden von uns alles. Wir sitzen gerne beisammen. Essen, trinken, schwatzen, singen, tanzen, lachen und geben uns gegenseitig Rat und Beistand. Das Leben des anderen ist uns wichtig wie unser eigenes. Und so freuen wir uns über jede sich bietende Gelegenheit für ein Miteinander. Besonders heute, wenn wir uns bei Tyche für alles, was sie uns im Laufe eines Jahres beschert hat, bedanken. Mein Mann Mákis und ich haben Großmutters Tradition übernommen und weitergeführt. Wir sind inzwischen selbst schon Großeltern einer blühenden Schar von Enkelkindern. Heute kommen nicht nur sie mit ihren Eltern, sondern auch unsere Brüder und Schwestern, Vettern, Kusinen, Nichten und Neffen mit deren Kindern und Enkelkindern.

Seit einer Woche bereiten Mákis und ich dieses Fest schon vor. Der Wohnraum ist ausgeräumt und eine riesige Tafel mit Sesseln und Bänken entlang der Wände aufgestellt. Der Raum in der Mitte bleibt frei, zum Musizieren und Tanzen. Die blau-weiß-karierten Tischtücher sind mit Rosenwasser besprüht und aufgebügelt, ausreichend Tafelgeschirr, Gläser und Besteck sind zusammengetragen. Girlanden aus Zitruspflanzen, Olivenzweigen, wildem Oregano, Thymian, Minze, Salbei und Zimt hängen an den Fenstern und ein Duft freudiger Erwartung erfüllt das ganze Haus.

Ein Fass unseres herrlichen goldgelben, selbst gekelterten Savatiano ist in Flaschen abgefüllt. Für die Kinder steht Orangenlimonade bereit und literweise Wasser. Das Weißbrot, gestern gebacken, wartet in großen Körben auf den Verzehr.

In der Küche formt sich eine fast unübersehbare Menge an Leckerbissen in irdenen Töpfen und Tellern zu einer Symphonie sinnlicher Genüsse: Wildsalat mit Gänseblümchen, gebackener Ziegenkäse, Teigtaschen mit frischem Schafskäse, frittierte Sardinen und gebratener Meeresfisch. In Öl, Kräutern und Knoblauch eingelegte Oliven, Zucchini, Auberginen, Okras und grüne Bohnen. Riesige herzförmige fleischrote Tomaten und Tsatsiki aus Naturjoghurt. Geschnittene Kartoffeln zum Frittieren und selbst gemachte Kritharaki, Reisnudeln, zum Kochen. In einem riesigen Topf köchelt eine Fasolada, eine Bohnensuppe, vor sich hin. In einem anderen noch größeren schmoren Kaninchen- und Kalbfleisch mit vielen kleinen Zwiebeln und Zimtstangen für den Hauptgang.

Ein riesiger Korb mit frischen Orangen, Zitronen und Feigen für den Nachtisch. Sahnejoghurt mit selbst gemachtem Honig und Nüssen. Schälchen mit Traubenmostpudding. Teller mit Chalvas, Gebäck aus Zimt, Honig, Süßholz und Sesam sowie ein riesiger Kuchen zum griechischen Kaffee stehen bereit. Auch das Füllhorn aus Messing, das Großvater Léandros für Agathé zur Hochzeit geschmiedet hat, ist auf Hochglanz poliert und voll mit Glücksmünzen. Eine für jeden. Das Glücksrad aus Kiefernholz über der Eingangstür, frisch mit Honigwachs eingelassen, schimmert wie neu.

Gleich werden sie alle da sein, laut und lachend vor dem Eintreten einmal das Glücksrad drehen und von Mákis zum Willkommen eine Glücksmünze aus dem Füllhorn in die Hand geschüttelt bekommen.

Unser Tisch des Lebens ist reich gedeckt. Das Fest mit Tyche kann heute, morgen und an jedem Tag der Welt aufs Neue beginnen.

»Glück ist Talent
für das Schicksal.«
Novalis

MAGISCHE GERICHTE FÜR GLÜCK

Asiatische Glückssuppe

Fröhliches Hefebier-Schaumsüppchen

Zauberhafter Blumen-Wohlfühlsalat

Käsetopf der Glückseligkeit

Schisandra-Fisch für geistiges Wohlbehagen

Glücksschweinbraten

Fortunas Zucchiniblüten

Marokkanische Familienfreude

Happy Feeling Kakao-Chili-Schmarrn

Aztekischer Göttersegen

Magisches Glücksbier

Magische Zutaten

Aloe Vera
Die Heilkraft der Aloe Vera war schon den Indianern bekannt. Aloe soll das Immunsystem stärken und sich günstig auf das Allgemeinwohl des Körpers auswirken.

Avocado
Die Avocado enthält unter anderem viel Fett und das Glückshormon Serotonin. Das ist auf die Wirkstoffe Leuzin und Isoleuzin im Fruchtfleisch der Avocado zurückzuführen.

Bananen
Sie enthalten die Hormonstoffe Serotonin und Norepinephrin, die für das positive Denken mitverantwortlich sind. Kohlenhydrate in Bananen sorgen dafür, dass das Gehirn mehr Botenstoffe bildet, die Glücksgefühle übertragen.

Birne
Die Birne enthält viele Vitamine und vor allem Mineralstoffe wie Kalium und Phosphor. Letzteres ist aufgrund der nervenstärkenden Wirkung besonders wertvoll für das Wohlbefinden.

Chili
Die südamerikanischen Völker kultivieren die Chili-Schote bereits seit 3000 Jahren. Chilis enthalten dreimal so viel Vitamin C wie Zitrusfrüchte und gelten als Glücksdroge. Nach ihrem Verzehr produziert der Körper Endorphine, die glücklich machen.

Datteln
Datteln beinhalten die essentielle Aminosäure Tryptophan, die der menschliche Organismus nicht herstellen kann. Wir müssen sie mit der täglichen Nahrung zuführen um unser Glücksgefühl zu steigern. Datteln unterstützen diese Wirkung.

Galgantwurzel
Galgant stammt aus dem asiatischen Raum und spielt eine bedeutende Rolle in der ayurvedischen Heilkunst. Galgant regt an und sorgt für ein Rundum-Wohlbefinden im Körper.

Gojibeere
Die Gojibeere macht erst seit wenigen Jahren als Frucht des Bocksdorns auch bei uns von sich reden – als »Anti-Aging- & Glücksbeere«, als pflanzliche Substanz für Wohlbefinden und Jugendlichkeit.

Hefe

Hefe lässt wohltuende Kräfte im Körper entstehen. Ein Bestandteil von Hefe ist das Vitamin Niacin. Es gilt als neue Schlüsselsubstanz für die Entwicklung zukünftiger Antiaging-Mittel und soll Glück und ein langes Leben bescheren.

Hopfenblüten

Hopfen ist eine Pflanzengattung aus der Familie der Hanfgewächse. Die Hopfenblüten werden auch als Hopfenzapfen bezeichnet und bewähren sich bei Befindensstörungen wie Unruhe und Unwohlsein. Hopfenblüten können negative Verstimmungen verbessern.

Ingwer

Das im Ingwer enthaltene scharfe Gingerol verbessert die Stimmung und macht glücklich. Ingwer hilft gegen Depressionen, Melancholie, Verstimmungen und Schwermut.

Kakao

Kakao hat etwas ganz Spezielles – es ist nicht nur sein Geschmack, es sind auch die überragenden Eigenschaften als Nahrungsmittel für unseren Körper, Verstand und Geist. Kakao fördert die Konzentration sowie die Glückgefühle.

Kapern

Seit 3000 Jahren ist die Kaper als Gewürz bekannt, bereits bei den Ägyptern fand sie Erwähnung und zu Zeiten der alten Römer wurde sie häufig in der Küche eingesetzt. Schon die alten Griechen erkannten die positive Wirkung der Kaper auf das körperliche Befinden. Sie sind appetitanregend und ihr Geschmack kann ein Glücksgefühl im Mund hervorrufen.

Magische Zutaten

Käse
Milch enthält die Aminosäure Tryptophan, die im Gehirn zu Serotonin umgewandelt wird, das eine große Rolle bei der psychischen Ausgeglichenheit und beim Glücksgefühl des Menschen spielt.

Knoblauch
Knoblauch ist die wahre Wunderknolle für das tägliche Wohlbefinden und bewirkt eine wohlige Wärme. Ein Brauch ist es, dass Bräute eine Knoblauchzehe in der Tasche tragen, die ihnen Glück bringt und Böses an ihrem großen Tag fernhalten soll.

Kumquats
Die Kumquat stammt aus dem südöstlichen China und aus Südostasien. Sie beeinhaltet die volle Dosis Vitamine, Flavonoide und Pektin und bewirkt eine verjüngende, immunstimulierende und euphorische Wirkung direkt beim Reinbeißen.

Kurkuma
Das asiatische Gewürz Kurkuma, auch Gelbwurz genannt, fördert nachweislich die Ausschüttung der Glückshormone Dopamin und Serotonin. Kurkuma liefert auf diese Weise gleich eine doppelte Portion »gute Laune«.

Lavendel
Ein Lavendelbad wirkt erfrischend, entspannend und hat unweigerlich auch einen therapeutischen Effekt. Es wärmt das Herz und wirkt auf Emotionen stabilisierend und ausgleichend.

Macadamianüsse
Die Macadamia zählt zu den Silberbaumgewächsen. Macadamianüsse haben einen hohen Wert für die Ernährung und gelten als wahre Schatztruhen für das körperliche Wohlbefinden. Bei ihrem Verzehr schüttet der Körper das Glückshormon Serotonin aus – der Garant für gute Laune!

Mangold
Mangold ist das Gehirngemüse. Es belebt Gehirn und Nerven, wirkt Konzentrationsstörungen entgegen und aktiviert die mentale Frische und Aufmerksamkeit.

Milch

Milchprodukte bauen vor allem bei jungen Mädchen und Frauen Glücksgefühle auf. Sie liefern Kalzium, und das bekämpft Stimmungsschwankungen, die aufgrund des prämenstruellen Syndroms auftreten können. Durch Milch werden Sie Anspannungen und Traurigkeit schneller und besser in den Griff bekommen.

Quitten

Die mystische Quitte ist das Symbol von Liebe und Glück. Früher hieß es, dass eine Frau, die während der Schwangerschaft viele Quitten isst, intelligente und glückliche Kinder zur Welt bringen wird.

Radieschen

Radieschen ist das Wohlfühl-Fitness-Gemüse. Es vermindert nicht nur den Appetit, seine Senföle verhindern auch, dass Fett in den Zellen gespeichert wird. Radieschen beeinhalten gleichzeitig den Stoff Tryptophan, den Baustoff für das Glückshormon.

Schisandra

Die chinesische Schisandrabeere verspricht geistige Vitalität und Harmonie. Sie lindert Stress und Depressionen, wirkt euphorisierend und stärkt das Gedächtnis.

Schokolade

Schokolade ist der Klassiker der »Seelennahrung«. Die Bestandteile Zucker, Fett und Kakao fördern die Bildung des Glückshormons Serotonin im Gehirn. Durch den gesteigerten Serotoninspiegel werden Entspannung, Zufriedenheit und Harmonie vermittelt. Trübe Gedanken verschwinden und die Laune bessert sich.

Soja

Die in Soja enthaltenen Phyto-Östrogene können die Stimmung heben. Die in Soja enthaltenen Omega-3-Fettsäuren machen glücklich und zufrieden und wirken gegen Depressionen.

Magische Zutaten

Vanille
Die Vanilleschote wird als Königin der Gewürze bezeichnet und ist nach Safran das zweitteuerste Gewürz der Welt. Vanille kurbelt die Produktion des Glückshormons Serotonin an, beruhigt hitzige Gemüter und sorgt für ein intensives Wohlbefinden

Wasabi
Der Wasabi, auch Japanischer Meerrettich genannt, ist eine Pflanzenart aus der Familie der Kreuzblütengewächse. Echter Wasabi ist deutlich schärfer als europäischer Meerrettich, erfreut die Sinne und bewirkt ein glückliches Gefühl.

Yams
Yams ist hauptsächlich in den Tropen verbreitet, aber auch in Amerika war die Yamswurzel eine von den Indianern gern benutzte Pflanze. Die Vitalstoffe der Yamswurzel wirken sich wohltuend auf uns Menschen aus. Sie wirken entspannend sowie krampflösend und können sogar Depressionen lindern und die Stimmung heben.

Zimt
Der Duft von Zimt hat etwas Exotisches, das uns in eine besondere Stimmung versetzt. Zimt bringt den Stoffwechsel in Schwung, verschafft uns Wohlbefinden und regt die Produktion von Gute-Laune-Hormonen an.

Zucchiniblüten
Der hohe Gehalt an Kalium und Kalzium unterstützt viele bedeutende Körperfunktionen wie den Flüssigkeitshaushalt, den Zellstoffwechsel sowie den Knochen-, Nerven- und Muskelaufbau.

Zucker
Das Gehirn hat ein enges Verhältnis zu Zucker. Es ist das einzige Organ, das seine Energie ausschließlich aus Zucker schöpft. Zucker stellt uns Energie am schnellsten zur Verfügung und löst gleichzeitig ein vorübergehendes Glücksgefühl aus.

Zwiebel
Die Zwiebel enthält eine sehr deutliche Menge an Serotonin und Katecholamin und hat dadurch eine stimmungsaufhellende Wirkung. Zwiebel ist ein klares Antidepressivum.

Asiatische Glückssuppe

mit Wasabi-Soja-Schaum

Frühlingszwiebeln, Karotten und Galgantwurzel säubern, klein schneiden und in Sesamöl anschwitzen. Mit Gemüsebrühe und Aloe-vera-Saft aufgießen, mit Currypaste, zusätzlichem Kurkuma und Salz abschmecken. Bei kleiner Hitze weiterköcheln. Danach fein pürieren und durch ein Sieb streichen.

Gesäuberte Kohlsprossenblätter in heißem Wasser blanchieren. In der Zwischenzeit die Shitakepilze putzen und in Scheiben schneiden. Etwas Sesamöl erhitzen, Pilze darin kurz anbraten und Kohlsprossenblätter dazugeben. Das Ganze mit ein paar Tropfen Sojasoße parfümieren. In die Suppe einrühren, beiseite stellen und warm halten.

Für den Wasabischaum Sojarahm mit Wasabipaste aufkochen, vom Herd nehmen und mit dem Mixstab die kalte Butter darin aufschäumen.

Die servierfertige Suppe mit Wasabischaum geschmacklich krönen.

Tipp: Der Wasabischaum kann auch im Milchschäumer zubereitet werden.

Kurkuma – das heilige Gewürz der Inder

Kurkuma gilt in Indien als heilig. Noch heute wird den Neugeborenen ein Kurkumapunkt auf die Stirn gemalt, um Glück zu bringen. Etwas Kurkuma in der Tasche verspricht Schutz gegen böse Geister und Lebensglück.

Glückszutaten für 4 Personen

1 kleiner Bund Frühlingszwiebeln
4 Kohlsprossen
½ TL gelbe Currypaste (Asiashop)
Kurkuma (Supermarkt)
1 Karotte
1 Handvoll Shitakepilze
Galgantwurzel (Internet, Reformhaus)
Aloe-vera-Saft (Drogeriemarkt, Reformhaus)
Sesamöl
Gemüsebrühe
Sojasoße
Salz

Wasabi-Soja-Schaum

Wasabipaste
Butter
¼ l Sojarahm (Supermarkt)

Fröhliches Hefebier-Schaumsüppchen

mit lachenden Hopfenblüten-Croutons

Butter in einem Topf zergehen lassen und mit wenig Mehl stauben, sodass eine leichte Einbrenn entsteht. Dann ¼ l Milch zugießen, Zimtrinde einlegen und aufkochen lassen.

Den Eidotter mit der restlichen Milch und dem Zucker verquirlen, mit dem Schneebesen einrühren und noch einmal kurz aufwallen lassen. Mit Sahne und einer Prise Salz abrunden. Den Topf vom Herd nehmen und mit dem Bier aufgießen.

Für die Hopfenblüten-Croutons Briochetoast entrinden und Croutons ausstechen. In Öl und Nelkenpulver beidseitig knusprig backen. Danach auf Küchenkrepp abtropfen lassen.

Frischkäse mit Salz, Pfeffer und fein geschnittenen Liebstöckelblättern schaumig rühren, auf die Croutons streichen und mit Hopfenblüten bestreuen.

Die Suppe in einem heißen Teller verteilen, gehackte Makadamianüsse hineinstreuen und die Frischkäsecroutons mit Hopfenblüten auf einem extra Teller dazu reichen.

Hefe – der Glückspilz

Louis Pasteur entdeckte 1857 die Wirkungsweise der Hefe. Sie enthält jede Menge an B-Vitaminen und Niacin. Dieser Mix sorgt für ein körperliches Wohlbefinden, unterstützt unsere Nerven und ist Glücksbalsam für die gestresste und angespannte Seele.

Glückszutate
1 Flasche Hefe
2 EL Butter
3/8 l Milch
3 Dotter
1/8 l Sahne
1 EL Zucker
Mehl
Salz
Zimtrinde

Hopfenblüter
Briochetoast
Pflanzenöl
Nelkenpulver
Frischkäse
getrocknete Ho
Salz
Pfeffer
Liebstöckel
Makadamianüs

Zauberhafter Blumen-Wohlfühlsalat

Glückszutaten für 4 Personen

Pflücksalat
Margeriten oder Gänseblümchen
Ringelblumen
Veilchen
Radieschen
getrocknete Bananenscheiben

Wellness-Dressing

Meersalz
Honig
Naturjoghurt
Arganöl
Estragon-Essig

mit heiteren Bananenchips

Pflücksalat waschen, gut trocken schleudern. Gemeinsam mit den in Scheiben oder Stifte geschnittenen Radieschen, den Ringelblumen und Veilchen in eine große Schüssel geben.

Bereiten Sie aus den angegebenen Zutaten ein Wellness-Dressing nach Ihrem Geschmack zu. Achten Sie dabei auf das Mengenverhältnis von $^2/_3$ Öl und $^1/_3$ Essig.

Blumen-Wohlfühlsalat mit dem Dressing beträufeln und vorsichtig mischen. Auf Teller verteilen, mit Blüten bestreuen und getrocknete Bananenchips dazu reichen.

Farben machen glücklich

Ein liebevoll gedeckter Tisch und ein mit Blumen, Gewürzen und Kräutern geschmücktes Essen sorgen für Wohlbefinden. Bestimmte Farben von Lebensmitteln wie Orange wirken sich ebenfalls positiv auf die Psyche aus und fördern das Glücksgefühl. Rot regt an, Blau beruhigt, Gelb heitert auf und Grün entspannt.

Käsetopf
der Glückseligkeit

mit mystischem Quittenchutney

Quitten schälen, Kerngehäuse entfernen und in kleine Würfel schneiden. Die Quittenkerne (Glückskerne) nicht wegwerfen!

Zwiebel schälen, klein hacken und mit Olivenöl in einem Topf anrösten. Quitten, je eine Messerspitze gemahlenes Nelkenpulver und Koriander, Zimtstange, geriebenen Ingwer, Salz, Pfeffer, Zucker, Gelierzucker, den Limettensaft, 1 Spritzer Apfelessig und ein paar Rosinen dazugeben und weich dünsten. Danach abkühlen lassen.

Den Pecorino in kleine Förmchen füllen und bei 150° C im vorgeheizten Backrohr schmelzen lassen. Mit Fleur de Sel, Lavendelblüten und Quittenkernen bestreuen. Dazu ein knuspriges Baguette reichen.

Tipp: Sie können für dieses einfache Gericht natürlich auch Ziegen- oder Kuhmilchkäse verwenden.

Käseglück

Depressionen, Glücksgefühl und fröhliche Laune werden von Serotonin bestimmt. Es wird im Körper aus der Aminosäure Tryptophan hergestellt, das vor allem in Käse zu finden ist. Auf 3000 Jahre alten Bildern aus Mesopotamien finden wir erstmalig die Käseherstellung dokumentiert. Sie zeigen die glückliche Lebensgöttin Ninchursag bei ihrer Arbeit.

Glückszutaten für 4 Personen

600 g junger Pecorino
Fleur de Sel
Lavendelblüten
Olivenöl

Quittenchutney

400 g Quitten
100 g Zwiebel
100 g Zucker
100 g Gelierzucker
Olivenöl
Salz
Pfeffer
Nelken, gemahlen
Ingwer, gerieben
Zimtstange
Apfelessig
Limette
Rosinen
Koriander, gemahlen
Baguette

Schisandra-Fisch

für geistiges Wohlbehagen

mit erfüllendem Mangoldgemüse

Noilly Prat mit Sahne einkochen und anschließend langsam reduzieren lassen. Mit Salz abschmecken, Butter zugeben und mit dem Mixstab aufschäumen.

Die rohen, geschälten Kartoffeln grob raspeln, mit Salz und Pfeffer würzen und mit den getrockneten Schisandrabeeren, Salz und Pfeffer vermengen.

Die gesalzenen Fischfilets auf einer Seite mit der Kartoffelpaste dünn bestreichen. Eine Pfanne mit Olivenöl und Butter erhitzen, die Filets auf der mit Kartoffelpaste bestrichenen Seite goldbraun braten. Kurz vor dem Servieren den Fisch wenden und ziehen lassen.

Tipp: Achten Sie beim Einkauf darauf, dass der Fisch nicht riecht!

Schisandrabeeren entwickeln erst in Kombination mit dem Fisch ihren besonderten Geschmack!

Mangoldgemüse: siehe Seite 106

Mentales Glück vom Fisch

Für die Ausschüttung von Glückshormonen im Gehirn wird auch die besondere Omega-3-Fettsäure DHA benötigt. DHA kommt vor allem in Fischen vor und sorgt für bessere Stimmung sowie Wohlbefinden und vermindert Ängste und Depressionen.

Glückszutaten für 4 Personen

600 g Seeteufel
¼ l Noilly Prat (Wermut)
¼ l Sahne
2 Kartoffeln
getrocknete Schisandrabeeren (Reformhaus, Internet)
Salz
Pfeffer
Butter
Olivenöl

Mangoldgemüse

800 g junger, frischer Mangold
Melissenblätter
Muskatblüte gerieben
Anissamen
Knoblauch
Bohnenkraut

Mangoldgemüse

Jungen Mangold waschen und kräftig trocken schleudern, damit er die anderen Aromen gut aufnehmen kann.
Gemeinsam mit klein geschnittenem Knoblauch in einer Pfanne mit Olivenöl und Butter anschwitzen.

Grob geschnittene Melissenblätter, Bohnenkraut und Anissamen beimengen und mit Salz und Muskatblüte abschmecken.

Wu Wie Zi Glück – Schisandra

Schisandra wurde bereits in der späten Han-Dynastie erwähnt und gilt als eines der wirkungsvollsten Kräuter Asiens. Die Beeren erhöhen die mentale Vitalität und das Gefühl fürs Glücklichsein, unterstützen uns hilfreich gegen große Stressbelastung, Depressionen und Reizbarkeit.

Glücksschwein-braten

Glückszutaten für 4 Personen
1,5 kg Schweinebauch mit Schwarte
1 Flasche Malzbier
500 g Yamswurzel
(Groß- & Wochenmarkt)
Salz
Pfeffer
Kümmel, gemahlen
Knoblauch
1 Vanilleschote
1 Zimtstange
Chilischote
Kohlsprossen
Bohnenkraut

mit Yamsgemüse für die Heiterkeit

Den Schweinebauch im Salzwasser ca. 40 Minuten zugedeckt kochen. Sobald die Schwarte weich geworden ist, Schweinebauch aus dem Wasser nehmen und die Schwarte rautenförmig einschneiden.

Als Nächstes den Schweinebauch mit einer Mischung aus Salz, Pfeffer, gemahlenem Kümmel und fein geschnittenem Knoblauch einreiben. Danach den Schweinebauch mit der Schwarte nach oben in einen Bräter legen, Vanilleschote, Zimtstange und Chili beifügen. Im auf 160° C vorgeheizten Backrohr garen.

Nach ca. 35 Minuten die Temperatur auf 240° C erhöhen und mit Heißluft den Schweinebraten knusprig goldbraun braten. Mit Malzbier aufgießen und die Sauce bei 130° C reduzieren lassen.

Yamsgemüse: siehe Seite 110

Yamswurzel – Glück der Indianer

Yams hat besondere Wirkungen, die andere Pflanzen nicht haben. Yams ist ein Adaptogen – das bedeutet, es hilft dem Körper, bei Stress von der Alarmphase schneller in die entspanntere Stressanpassungsphase zu kommen. Die schädlichen Auswirkungen von Stress auf den Körper werden dadurch reduziert und das Wohlbefinden gestärkt.

Yamsgemüse für die Heiterkeit

Yamswurzeln schälen und in ca. 6 cm lange und 2 cm breite Stifte schneiden. Fäden aus der Mitte entfernen. Anschließend im Salzwasser blanchieren. Die blanchierten Yamswurzeln zum Schweinebraten legen und fertig braten.

Kohlsprossen säubern und ebenfalls im Salzwasser blanchieren. Mit Eiswasser abschrecken und kurz vor dem Servieren in einer Pfanne mit Butter schwenken, salzen und mit Bohnenkraut bestreuen.

Schwein als Glückssymbol

Der Begriff »Schwein haben« bedeutet eigentlich, unerwartetes Glück zu erhalten. Diese Redewendung stammt wahrscheinlich aus dem Mittelalter. Bei Wettspielen erhielt der Schlechteste damals ein Schwein – begleitet von spöttischen Glückwünschen. Für diesen Wettkampfverlierer war das Schweinchen trotzdem ein unerwartet erworbenes Wertobjekt und somit ein kleiner Glücksbringer.

Fortunas Zucchiniblüten

Glückszutaten für 4 Personen

200 g Kalbsnuss
200 g Zanderfilet oder Fischfilet ihrer Wahl
8 kleine, saubere Zucchiniblüten
2 kleine Schalotten
Butter
200 g Sahne
Salz
Pfeffer
4 Eier
Öl
Majoran
glatte Petersilie
Kartoffel- oder Maisstärke
200 g schwarze Nudeln

Kapern-Dill-Sauce

1/8 l Kalbsfond
1/8 l Sahne
1 unbehandelte Grapefruit
3 TL frische Kapern
1 TL Honig
1 Bund frischer Dill
glatte Petersilie
Kartoffel- oder Maisstärke

gefüllt mit Kalbfleisch-Zander-Mousse

Kalbsnuss und enthäutete Zanderfilets in kleine Würfel schneiden und getrennt ca. ½ Stunde ins Tiefkühlfach legen.

Schalotten schälen, klein hacken, in Butter andünsten und kalt stellen.

Die gut gekühlten Kalbfleischstücke in den Cutter geben und mit 100 g gekühlter Sahne pürieren. Salz, Pfeffer, 2 Eier, gerebelten Majoran und Schalotten hinzufügen, noch einmal kurz durchmixen und in einen Spritzsack füllen.

Den Cutter reinigen, die gekühlten Zanderwürfel mit 100 g Sahne, 2 Eiern, Salz, Pfeffer, geriebener Grapefruitschale und Dill pürieren. Danach ebenfalls in einen Spritzsack füllen.

Zucchiniblüten nun mit der Mousse füllen. Die Blüte jedoch nur zu ¾ füllen, damit man sie an der Spitze wie ein Bonbon zusammendrehen kann. Die gefüllten Zucchiniblüten 10 bis 15 Minuten dämpfen. Der Garprozess ist beendet, wenn sich die gefüllte Blüte widerstandslos anstechen lässt.

Die schwarzen Nudeln in kochendes Salzwasser einlegen, bissfest kochen und mit etwas Öl vermischen, damit sie nicht zusammenkleben.

Kalbsfond, Grapefruitsaft, Sahne, Honig und Kapern kochen und reduzieren. Mit frisch geschnittenem Dill, Petersilie, Salz und Pfeffer abschmecken. Etwas Stärkemehl mit Wasser glatt rühren und der Soße beimengen, damit sie sämig wird.

Zucchiniblüten

Zucchiniblüten sind nicht nur ess-, sondern im wahrsten Sinne des Wortes auch genießbar! Außer Pflanzen und Kräutern verwendeten Schamanen schon vor Urzeiten wohlschmeckende Blüten zum Würzen von Speisen und Getränken. Man nutzte die Heilkraft und den Vitaminanteil der Blüten, um das Wohlbefinden zu steigern.

Marokkanische Familienfreude

mit beglückendem Kumquatskompott

Die vorbereitete Milch-Wasser-Mischung mit Butter, Honig, Salz, Vanillezucker, Rosen- und Orangenblütenwasser aufkochen.

Den Couscous einstreuen und langsam für ca. 20 Minuten quellen lassen. Unter beständigem Rühren auflockern und klein geschnittene, entkernte Datteln und Rosinen beimengen.

Für das Kumquatskompott geviertelte Kumquats, Zucker, Anis und Orangenmarmelade in frisch gepresstem Zitronen- und Orangensaft einkochen. Das abgekühlte Kompott mit Granatapfelkernen und Melisse würzen.

Den lauwarmen Couscous mit einer Schöpfkelle (vorher in kaltes Wasser tauchen) auf den Teller geben. Mit gehackten und gerösteten Makadamianüssen sowie geraspelter Zimtschokolade bestreuen.

Tipp: Couscous gibt es auch als Instant.

Macadamia – die Königin der Nüsse

Benannt nach dem Philosophen John McAdam haben die Macadamianüsse einen sehr hohen Wert für die Ernährung und gelten als wahre Schatztruhen für das körperliche Wohlbefinden. Schon für die Römer war die Nuss ein Symbol für Glück. Sie ließen diese über Jungverheiratete regnen, um Glück zu bringen.

Glückszutaten für 4 Personen

300 g Couscous
200 ml Wasser
100 ml Milch
1 TL Vanillezucker
5 Datteln
2 EL Rosinen
2 TL Honig
1 Prise Salz
Zimtschokolade
Makadamianüsse
1 EL Butter
Orangenblütenwasser
Rosenblütenwasser

Kumquatskompott

20 Kumquats (Groß- & Wochenmarkt)
4 EL Orangenmarmelade
Saft von 1 Zitrone
Saft von 2 Orangen
Zucker
Anis
Granatapfelkerne
Melissenblätter

Happy Feeling Kakao-Chili-Schmarrn

Glückszutaten für 4 Personen
4 Dotter
4 Eiklar
¼ l Milch
150 g Mehl
2 EL Kristallzucker
1 Prise Salz
Zitronenschale, gerieben
gemahlener Chili
Kakao
Butter
Ahornzucker

Birnen-Kürbis-Kompott
2 reife, nicht zu weiche Birnen
1 kleiner Speisekürbis
Zucker
Zimt
Nelken
Melisse

mit Birnen-Kürbis-Genuss

Aus Milch, Dottern, Mehl, Zitronenschale, Kakao, Chili, Rosinen und Salz einen Teig rühren. Anschließend Eischnee vorsichtig unterheben.

In einer geräumigen Pfanne Butter erhitzen, Teig hineinfließen lassen und im Backrohr bei mittlerer Hitze so lange backen, bis er auf der Unterseite gebräunt ist. Aus dem Ofen nehmen, mit einer Schaufel umdrehen und die andere Seite ebenfalls bräunen lassen.

Anschließend mit zwei Gabeln in Stücke reißen, mit Kristallzucker bestreuen und diesen karamellisieren lassen.

Geschälte, entkernte Birnen und geschälten Kürbis in gleich große Stücke schneiden. Mit Zucker, Zimt und Nelken nicht zu weich dünsten. Vor dem Anrichten mit Melisse bestreuen. Den Kakao-Chili-Schmarrn nach Bedarf zusätzlich mit Ahornzucker bestreuen.

Chili & Kakao – Doppelglück

Unser Gehirn empfindet Schärfe als Schmerz und schüttet deshalb glücklich machende Endorphine aus. Hier wirkt der Scharfmacher Capsaicin. Der Glückseffekt entsteht durch einen Trick: Durch die brennende Schärfe löst Capsaicin eine Ausschüttung von körpereigenen Glückshormonen aus, um den Schmerz zu mildern. Dazu kann der in der Kakaobohne enthaltene Botenstoff Serotonin dann eine wahre Hochstimmung erzeugen.

Glückszutaten für 4 Personen
4 Bananen
1 Zitrone
¼ l Milch
Kakaopulver
Chili
Piment
Gojibeeren
(Großmarkt, Reformhaus, Internet)

Avocadopüree
1 reife Avocado
80 g Staubzucker
1 Zitrone
150 ml Sahne

Aztekischer Göttersegen

mit süßem Avocadopüree

Bananen schälen, in kleine Stücke schneiden, mit Zitrone beträufeln, Milch zugeben und mixen. Mit Kakaopulver, Chili und Piment würzen und nochmals aufschäumen.

Die Avocado halbieren, den Kern entfernen, mit einem Löffel ausschaben und in Stücke schneiden. Gemeinsam mit Staubzucker und Zitrone fein pürieren. Sahne steif schlagen und unter das Avocadopüree heben. Den Göttersegen mit Gojibeeren vollenden.

Goji – die glückliche Frucht

In Asien gilt die Gojibeere als Frucht des Glücks und Wohlbefindens. Die leuchtend rote Beere fördert das Lebensglück. In einem Buch aus der Ming-Dynastie heißt es: »Sie stärkt den Organismus und schenkt ein langes Leben.« In Tibet feiert man sogar Feste, mit denen man sich für die gesundheitsfördernden Eigenschaften dieser »glücklichen Frucht« bedankt.

Magisches Glücksbier

für ewige Jugend

Aloe-vera-Saft, Chilipulver, Vanillemark und Schisandra-Elixier vermixen und in Gläser füllen.

Blattgelatine in kaltem Wasser einweichen. Kräuterbier mit Zucker erhitzen. Die weiche Blattgelatine mit dem Schneebesen in das warme Bier einrühren.

Danach in den Kühlschrank stellen und fest werden lassen. Ab und zu mit dem Schneebesen glatt rühren. Zum Schluss in einem Sahnespender aufschäumen. Gut durchschütteln und den Schaum auf den Saftmix verteilen.

Glückszutaten für 4 Personen

Aloe-vera-Saft
Chili
Vanille
Schisandra-Elixier (Reformhaus)

½ l Kräuterbier
1 Blatt Gelatine
50 g Zucker

Geheimnis vom Glück

Das Wissen vom Glück selbst ist das größte Geheimnis, das es auf Erden gibt. Es offenbart sich sehr individuell, da es fast zur Gänze vom inneren Befinden eines Menschen abhängig ist. Wenn wir mit unserem Inneren nicht achtsam und sorgsam umgehen, werden wir nicht da ankommen, wo wir eigentlich hin möchten. Wir werden nicht das Glück in unserem Leben verwirklichen, das wir erreichen könnten.

230 中国邮政
CHINA
230 中国邮政
5元
10元

AUS A
WE

Der
markt
iclayo

Eine Geschichte über den Beginn einer Seelenreise

Ich bin angekommen am Ausgangspunkt meiner Reise rund um die Welt. Bei der ich tief in die Seele fremder Länder und Menschen eintauchen möchte, um mich als Teil der Weltseele zu erfahren. Einer Eingebung folgend habe ich dafür Chiclayo auserwählt. Die »capital de la amistad«, die Stadt der Freundschaft. Eine Provinzstadt im Norden Perus, Arbeiter- und Handelsstadt. Inmitten zahlreicher berühmter archäologischer Sehenswürdigkeiten, wie den ältesten Wandmalereien Amerikas und den Pyramiden von Túcume, gelegen.

Ich mache der Stadt meine Aufwartung, begebe mich in ihr Zentrum. Einem Durcheinander aus mit Autos verstopften Straßen, unbedeutenden Gebäuden, zahlreichen kleinen Hotels, Imbissstuben und Spielhallen. Lärm und Gestank betäuben mich innerhalb kürzester Zeit und ich will nur noch zurück in mein Hotelzimmer. Auf der Suche nach einem Taxi verlaufe ich mich im Gewirr der Straßen.

Als es ruhiger um mich herum geworden ist, bemerke ich, es sind weniger Autos, dafür aber mehr Menschen auf der Straße. Die meisten streben auf einen bestimmten, nicht sichtbaren Ort zu. Neugierig schließe ich mich ihnen an. Die dichter werdende Menschenmenge schiebt mich immer rascher nach vorne. Bis mich ein Schwall nicht auseinanderzuhaltender, herrlicher Düfte überfällt und sich vor meinen Augen ein riesiger, in seiner Buntheit und Vielfalt nicht zu überbietender Markt auftut.

Berge unbekannter exotischer Früchte in allen möglichen Farben und Formen, Gemüse, Geflügel und vieles mehr zeugen von unermesslichem Bodenreichtum. Gefangen von den Eindrücken schlängle ich mich durch diese fremdartige Fülle und Pracht, bis mich Schlangenhäute am Weitergehen hindern. Ich stehe am Eingang zu einer magischen Welt.

Schamanen in auffälligen Kostümen mit Metallscheiben an Brust und Rücken. Eine davon durchlöchert für den Abstieg in die Unterwelt. Dazu längliche Eisenplättchen zur Stählung und zum Schutz des Körpers. Die Gürtel behangen mit Glöckchen, Fetischen und Rasseln. Mystische Zeichen im Gesicht und Federn im Haar. Alles Werkzeuge, um zwischen Mensch und Geistwelt zu vermitteln.

Umgeben von Tinkturen, Schlangenhäuten, Kräutern und Wundermitteln stellen sie anhand des Mageninhaltes von Meerschweinchen Gebrechen bei Menschen fest, tanzen sich mit Hilfe von Trommeln, Rasseln und Klangschalen in Ekstase und übermitteln nach ihrem Zusammenbruch Botschaften der Naturgeister und Ahnen an die Fragesteller.

Inmitten dieses Schauspiels werde ich jäh aus der Rolle des Zusehers gerissen, als mich der fordernde Blick eines Schamanen zwingt, in seine Richtung und in seine Augen zu sehen. Langsam gehe ich auf ihn zu und versinke mit jedem Schritt im kistallklar glitzernden Dunkel seiner Augen. Bis ich meinen Körper verliere und mich in der gedrungenen Gestalt eines Andenklippenvogels mit brillantrotem Federkleid und schwarzen Flügeln wiederfinde. Befreit strecke ich mich, breite die Flügel aus, schwinge mich auf und steige höher und höher in das Azurblau des unendlichen Himmels über mir. Lasse Raum und Zeit hinter mir. Fliege rund um den Erdball und sehe alle Orte, die meinen vor mir liegenden Weg zu einem einheitlichen Band zusammenfügen, wie Sterne am Firmament leuchten. Ich bin mit der Sonne geflogen, und als sie am Horizont zu sinken beginnt, verlangsamt sich mein Flügelschlag. Mit dem letzten Sonnenstrahl finde ich mich in meiner ursprünglichen Gestalt mitten im Gewühl des Hexenmarktes in Chiclayo wieder. Der Schamane ist verschwunden. In meiner Hand halte ich eine angebissene Chirimoya-Frucht, deren verheißungsvolle Süße ich noch auf meinen Lippen schmecke. Sie erinnert an vollreife Erd- und Himbeeren mit einem Hauch von Zimt.

»Die Welt gehört dem,
der sie genießt.«

Giacomo Leopardi

MAGISCHE GERICHTE AUS
ALLER WELT

Mittelalterliche böhmische Hexensuppe

Neuseeländische Friedenssuppe des Rongo-Gottes

Afrikanischer Voodoo-Topf

Halloween-Kürbisrisotto

Transsilvanische Kaltschale

Das letzte Abendmahl

Curantotraum der Osterinsel

Bunte balinesische Opfergaben

Elsässer Flammkuchen

Drachenfruchtauflauf des Jadekaisers

Der Saft der Hundertjährigen

Mittelalterliche böhmische Hexensuppe

Magische Zutaten für 4 Personen

4 Äpfel
6–8 reife Marillen
200g Maronenpüree
1 Zwiebel
1 Vanilleschote
Pflanzenöl
Salz
Lebkuchengewürz
Hühnerfond
Wermut

Pilzbällchen

400 g Hühnerfleisch
100 g frische Morcheln
2 Eier
Petersilie
Paprikapulver
Pfeffer
Sahne

aus Apfel-Marillen-Maroni mit Pilzbällchen

Für die Suppe Äpfel und Marillen schälen, entkernen und in kleine Stücke schneiden. Zwiebel schälen und kleinwürfelig hacken.

In einer Kasserolle Pflanzenöl erhitzen, die Zwiebel, die Marillen, Äpfel und das Maronenpüree hinzufügen. Mit Wermut und Hühnerfond aufgießen, anschließend reduzieren lassen. Mit Salz, Lebkuchengewürz und dem Mark der Vanilleschote würzen. So lange köcheln, bis alles weich ist.

Danach mit dem Mixer die Suppe fein pürieren. Eventuell mit etwas Flüssigkeit nachbessern, die Suppe sollte nicht zu dick sein. Marillensaft verleiht der Suppe beim Nachbessern eine interessante Note.

Für die Pilzbällchen das Hühnerfleisch in kleine Stücke schneiden und eine halbe Stunde in das Tiefkühlfach legen.

Danach das Hühnerfleisch fein cuttern. Mit geschnittenen Morcheln, Petersilie, Eiern, den Gewürzen und Sahne vermengen, bis eine gut formbare Masse entsteht. Kleine Bällchen formen und in Pflanzenöl knusprig ausbacken. Kurz auf Küchenkrepp abtropfen lassen.

Tipp: Im noch heißen Pflanzenöl blättrig oder in Stifte geschnittene Pilze kurz frittieren und darüber streuen.

Kastanienzauber

Wenn Sie im Herbst eine Kastanie finden, dann sollten Sie diese immer in der Tasche tragen – laut alten Überlieferungen soll die erste Kastanie, die man findet, großen Geldsegen für das folgende Jahr bescheren. Viel Glück!

Neuseeländische Friedenssuppe des Rongo-Gottes

aus Süßkartoffeln mit Kiwi-Garnelen-Spieß

Süßkartoffeln, Zwiebel, Karotten und Sellerie schälen und in kleine Würfel schneiden. Zwiebel, je nach Geschmack auch Knoblauch, schälen und klein hacken. Gemüse im erhitzten Fett anrösten, Gemüsebrühe zugießen. Mit Salz, Pfeffer und Majoran abschmecken und gar kochen. Etwas von dem Gemüse als Suppeneinlage entnehmen und anschließend die Suppe pürieren.

Die große Süßkartoffel waschen, schälen und halbieren. Eine Hälfte in gleich dicke Scheiben schneiden. Die Scheiben ca. 30 Minuten ins kalte Wasser legen, gut abtrocknen und im heißen Öl frittieren. Auf Küchenkrepp abtropfen lassen und mit Majoran bestreuen. Während-dessen die zweite Hälfte der Süßkartoffel kernig garen.

Kiwi schälen, schneiden, mit Zitronensaft beträufeln und mit der Gabel zerdrücken. Jungzwiebeln waschen und fein hacken. Alles mit Crème fraîche vermischen und mit Salz und Pfeffer abschmecken.

Garnelen am Rücken aufschneiden, Darm entfernen, salzen und in Olivenöl glasig braten. Abwechselnd Kiwi und Garnele auf Zitronengras spießen. Die servierfertige Suppe mit den Garnelenspießen belegen und als Beilage die gegarte Süßkartoffelhälfte mit Kiwicreme füllen.

Tipp: Das Zitronengras vor dem Spießen klopfen, damit es sein Aroma entfalten kann.

Rongo – Gott der Maori

Rongo ist in der Mythologie der neuseeländischen Maori der Gott des Landbaus, im Speziellen der Kūmara, also der Süßkartoffel. Rongos Name bedeutet in der Sprache der Maori »Frieden«. Rongo verabscheut blutige Opfer und liebt Gesang und Festlichkeit.

Magische Zutaten für 4 Persone

200 g geschälte Süßkartoffeln
100 g Zwiebel
100 g Karotten
100 g Sellerie
Öl oder Butterschmalz
Salz
Pfeffer
Majoran
Gemüsebrühe
Orangensaft
1 große Süßkaroffel
Pflanzenöl
Majoran

Kiwicreme

1 Kiwi
Zitronensaft
Jungzwiebel
250 g Crème fraîche
Salz
Pfeffer

Kiwi-Garnelen-Spieß

1 Kiwi
4 Garnelen
Zitronengras

Magische Zutaten für 4 Personen
4 Straußensteaks
Butter
Ingwerpulver

Marinade
Thymian
Kreuzkümmel
Chili
Koriander
Kurkuma
Paprikapulver
geriebene Zitronenschale
Kardamom
Knoblauch
Zimt
Pfeffer

Gemüse
Zwiebel
Kichererbsen
Paprika
Fisolen
Karotten
weiße Bohnen
rote Bohnen
Mairüben/Naved
Tamarindenpaste (Asiashop)
Tomatenmark
Rotwein
Gemüsebrühe
Salz
Frische Minze
Rapsöl

Ugali
400 g Ugali (weißes Maismehl)
600 ml Wasser
400 ml Milch
Salz

Afrikanischer Voodoo-Topf

mit Straußensteaks und Ugali

Straußensteaks in einer Gewürzmischung aus Thymian, Kreuzkümmel, Chili, Koriander, Kurkuma, Paprikapulver, geriebener Zitronenschale, Kardamom, Knoblauch, Zimt und Pfeffer zwei Tage zugedeckt im Kühlschrank marinieren.

Gemüse säubern und in gleichmäßige Stücke schneiden. Gehackte Zwiebel in Rapsöl anrösten und das restliche Gemüse dazugeben. Tamarindenpaste und Tomatenmark hinzufügen, kurz durchrösten, mit Rotwein ablöschen und Gemüsebrühe aufgießen. Abschließend mit Salz und Pfeffer abschmecken und mit frischer Minze parfümieren.

Das marinierte Straußenfleisch in erhitztem Rapsöl kurz auf beiden Seiten anbraten. Beim Anschnitt sollte das Innere noch rosa sein.

Das Straußenfleisch hat wenig Fettanteil und neigt dazu, schnell auszutrocknen. Daher vor dem Anrichten die Steaks noch einmal kurz in aufgeschäumter Ingwerbutter schwenken.

Ugali: siehe Seite 136

Voodoo-Religion

Voodoo ist eine Verbindung mit allen Wesen der Natur, um Götter oder Geister zu rufen und sie zu spüren, in sich aufzunehmen, um daran fröhlich und gesund zu werden.

Ugali

Milch, Wasser und Butter mit Salz aufkochen. Unter ständigem Rühren weißes oder gelbes Maismehl einrühren bis ein flüssiger Brei entsteht und sich der Brei vom Topfboden löst. Es dürfen keine Klumpen entstehen.

Tipp: Wenn die Zeit knapp ist, kann man zum Voodoo-Topf auch weiße und rote Bohnen aus der Dose servieren.

Ugali

Ugali ist die beliebteste Speise Ostafrikas. Ugali wird nur dann als »echtes« Ugali bezeichnet, wenn das Maisgetreide sehr fein zu einer Konsistenz von Mehl oder Grieß zermahlen und zu einem Brei gekocht wird.

Halloween-Kürbisrisotto

mit Totentrompetenpilzen

Magische Zutaten für 4 Personen

- Pinienkerne
- Kürbiskerne
- Olivenöl
- Knoblauch
- Bärlauch
- Parmesan
- 300 g Speisekürbis
- Olivenöl
- Schalotten
- Butter
- 300 g Risottoreis
- Safranfäden
- 150 ml Weißwein
- 900 ml Gemüsebrühe
- 2 Handvoll Totentrompeten
- Lavendelblüten
- Salz

Kürbis- und Pinienkerne ohne Fett in einer Pfanne rösten.

In einen Standmixer Olivenöl, geschnittenen Knoblauch, Bärlauch, Kürbis- und Pinienkerne sowie den geriebenen Parmesan zu einem Pesto mixen. Vorsichtig salzen, da der Parmesan viel Eigensalz enthält.

Den Kürbis schälen, in kleine Würfel schneiden und in Olivenöl dünsten.

Schalotten schälen, fein hacken, in Butter anschwitzen und den Risottoreis hinzufügen. Glasig dünsten, mit Safranfäden würzen und mit Weißwein ablöschen. Unter ständigem Rühren warme Gemüsebrühe zugießen und langsam einkochen lassen, bis der Reis eine cremige Konsistenz erreicht hat. Die Reiskörner sollten noch bissfest sein.

Abschließend die gedünsteten Kürbisstücke untermengen und mit frisch geriebenem Parmesan und Butter abrunden.

Die Pilze mit dem Pinsel säubern, in Butter mit Lavendelblüten schwenken und mit einer Prise Salz abschmecken.

Die Reise der Toten

Halloween wurde früher keltisches Neujahr genannt. In der Nacht des 31. Oktober begann das magische Jahr, es war der heidnische Winteranfang. Dem Glauben nach werden zu Halloween die Gesetze von Raum und Zeit aufgehoben, damit sich die Seelen der Verstorbenen in dieser Nacht auf die Suche nach einem lebenden Körper machen können, um ihn für ein Jahr in Besitz zu nehmen.

4cl
ARC
2cl

Transsilvanische Kaltschale

aus Gurke & Roten Rüben mit Knoblauchsorbet

Magische Zutaten für 4 Personen
600 g Gurke
150 g gekochte Rote Rüben
1 kleine Knoblauchzehe
1 EL Honig
1 Bund frischer Dill
1 Becher Crème fraîche
Gemüsebrühe
Salz
Senf (Moutarde de Meaux)

Knoblauchsorbet
200 ml Wasser
150 g Zucker
2 Eiweiß
1 Knoblauchzehe
1 unbehandelte Zitrone
Basilikum

Für das Knoblauchsorbet Wasser mit Zucker zu einem Sirup kochen und kalt werden lassen. Den Zitronensaft und den Zitronenabrieb sowie fein pürierten Knoblauch und Basilikum dazumischen. Das Eiweiß nicht zu steif schlagen und mit dem Schneebesen unter die Mischung rühren.

In einer Schüssel zugedeckt ca. 3 bis 4 Stunden in das Gefrierfach stellen. Zwischendurch mehrmals mit dem Schneebesen durchrühren, damit keine Eiskristalle entstehen.

Gurken schälen, entkernen, ebenso wie die Roten Rüben, Knoblauch und Dill klein schneiden. Anschließend mit dem Standmixer und Gemüsebrühe pürieren. Mit Salz, Honig, Senf und Crème fraîche abschmecken, nochmals aufmixen.
Im Kühlschrank zugedeckt kalt stellen.
Die kalte Suppe in Teller oder breite Gläser füllen.

Das Sorbet aus dem Tiefkühlfach nehmen und mit dem Eisportionierer oder zwei Suppenlöffeln Kugeln oder Nocken formen. Diese in die Suppe geben. Mit frischer Dille dekorieren.

Tipp: Dazu passt ein Schluck guter Zwetschkenschnaps

Vlad III. Draculea

Vlad III. Draculea war ein grausamer Fürst des 15. Jahrhunderts in Transsilvanien, der seine Opfer auf Pfählen aufgespießt haben soll. Weitere Mythen besagen, dass Vlad Draculea das Blut seiner Opfer trank und dass seine Leiche bis heute verschwunden blieb. Das Grab im rumänischen Snagov wurde 1931 geöffnet – und tatsächlich fand man keine sterblichen Überreste.

Das letzte Abendmahl

als Kichererbsenturm mit pochiertem Wildkarpfen und Brot aus Nazareth

Magische Zutaten für 4 Personen

800 g grätenfreier Karpfen
Weißwein
Karotten
Sellerie
Lorbeerblatt
Senfkörner
Wasabipaste
Noilly Prat
Sahne
Butter
Frischer Kren

Kichererbsenturm

350 g Kichererbsen aus der Dose
Olivenöl
Knoblauch
Zwiebel
Gemüsebrühe
Salz
Kurkuma
Nelkenpulver
Kreuzkümmel
1 Ei
Butter

Brot aus Nazareth

250 g entkernte Datteln
1,5 TL Speisenatron
¼ l Wasser
60 g Butter
1 Ei
250 g Weizenvollkornmehl
Honig
gehackte Walnüsse
Salz
Zimt
Muskatnuss, gerieben

Wasser, Weißwein, fein geschnittenes Wurzelgemüse (Karotten, Sellerie, Zwiebel) und Gewürze (Lorbeer, Senfkörner, Salz) aufkochen und beiseite stellen.

Klein gehackte Zwiebel und Knoblauch glasig dünsten, Kichererbsen dazugeben und mit Gemüsebrühe aufgießen. Mit Salz, Kurkuma und Nelkenpulver würzen und pürieren. Kreuzkümmel zum Abschmecken und je nach Konsistenz noch etwas Brühe zugießen. Abschließend mit etwas Olivenöl verfeinern. Ei und bei Bedarf Mehl beimengen, bis eine formbare Masse entsteht. Teig rollen und kleine Taler schneiden. Diese in Butter beidseitig goldgelb backen.

Die zwischenzeitlich portionierten Karpfenfilets in den nicht kochenden Fischsud legen und pochieren.
Sud aus der Fischpfanne, Wasabi, Sahne und Noilly Prat aufkochen und anschließend reduzieren lassen. Mit Salz abschmecken und mit einem Stück kalter Butter mit dem Mixstab aufschäumen.

Karpfenstücke aus dem Sud nehmen. Abwechselnd mit den Kichererbsentalern zu einem Turm aufschichten. Als Beilage das abgeseihte Wurzelgemüse rundherum drapieren. Mit Wasabischaum und frisch geriebenem Kren dekorativ anrichten.

Brot aus Nazareth: siehe S. 144

Johannes 21, 10–13

Jesus sagte zu ihnen: »Bringt von den Fischen, die ihr gerade gefangen habt. (…) Kommt her und esst!« Keiner von den Jüngern wagte ihn zu fragen: »Wer bist du?« Denn sie wussten, dass es der Herr war. Jesus trat heran, nahm das Brot und gab es ihnen, ebenso den Fisch.

Brot aus Nazareth

Für das Brot aus Nazareth Speisenatron in kochendem Wasser auflösen und über die entkernten, geschnittenen Datteln gießen.

Butter mit Honig und Ei schaumig schlagen. Mehl, Gewürze und gehackte Nüsse unterrühren.

Die Hälfte der Masse mit den Datteln gut durchmengen, anschließend den Rest zufügen und durchmischen. In einer gut gefetteten Kastenform bei 175° C im vorgeheizten Backrohr ca. 60 Minuten backen.

Das abgekühlte Brot in Scheiben schneiden und zum letzten Abendmahl reichen.

Karpfen aus dem See Genezareth

212 Meter unter dem Meeresspiegel gelegen ist der See Genezareth der tiefstgelegene Süßwassersee der Erde. Als Stätte der Lehrtätigkeit Jesu ist er für die Christenheit von unschätzbarer Bedeutung – hier erklangen zum ersten Mal die Worte »Vater Unser«. Der Karpfen hat die Speisung der 5000 am See Genezareth ermöglicht. Mit einer Füllung versehen ist er nach wie vor ein wichtiger Bestandteil der jüdischen Küche.

Curantotraum der Osterinseln

Gefülltes Bananenblatt mit Kabeljau und Tintenfisch

Süßkartoffeln schälen, in Stücke schneiden, in Salzwasser mit etwas Kümmel kochen. Anschließend Wasser abschütten und die Süßkartoffeln mit Butter und warmer Milch zu einem Püree stampfen.

Maniokwurzel ebenfalls schälen, in Stücke schneiden und in Salzwasser 10 Minuten etwas vorkochen. Die Maniokwurzelstücke dann in aufgeschäumter Ingwerbutter schwenken.

Mango schälen und in Filets schneiden. Diese auf den Bananenblättern verteilen. Die Kabeljaufilets mit Salz, Pfeffer und Koriandersamen würzen und auf das angedrückte Zitronengras spießen. Spieße auf das vorbereitete Mangobett legen, Maniokgemüse darauf geben, in die Bananenblätter einpacken und im vorgeheizten Backrohr bei 220° C garen. Der Kabeljau sollte in der Mitte glasig sein.

Tintenfische extra in einer Pfanne mit Olivenöl und Knoblauch rasch anbraten und anschließend dazu servieren.

Curantosauce: siehe S. 148

Rapa Nui

Die Osterinsel gilt als die einsamste Insel der Welt, 3700 Kilometer vom chilenischen Festland entfernt, nicht ganz 170 Quadratkilometer groß. Die Eingeborenen nennen sich selbst, ihre Sprache und die Insel Rapa Nui.

Magische Zutaten für 4 Personen

4 Bananenblätter
2 reife Mangos
600 g Kabeljaufilet
8 Babytintenfische
Salz
Pfeffer
Zitronengras
Koriandersamen
Knoblauch
Olivenöl
Gemüsebrühe

500 g Süßkartoffeln
Kümmel
Salz
400 g Maniokwurzel
Ingwer
Butter
Milch

Curantosauce
2 gelbe Paprika
1 Zwiebel
gelbe Chilipaste
Salz
Pfeffer
Olivenöl
Ananas

Curantosauce

Gelben Paprika mit dem Gemüseschäler schälen und klein schneiden. Zwiebel schälen und fein hacken. In erhitztem Olivenöl anbraten. Wenige klein geschnittene Ananasstücke dazugeben und mitdünsten. Mit Salz, Pfeffer und gelber Chilipaste abschmecken, mit etwas Gemüsebrühe ablöschen und weich dünsten.

Die Curantosauce abschließend zu einer sämigen Sauce pürieren und mit dem gefüllten Bananenblatt, dem Süßkartoffel- und Maniokgemüse und den Tintenfischen anrichten.

Curanto – Festessen aus der Erde

Die fantastisch gelegene Kultstätte der Osterinsel ist der Ahu Nau Nau an der Anakena-Bucht. Traumhafte weiße Sandstrände machen Lust auf Erkundungen, Spaziergänge am Meer und einen Ausflug ins Städtchen Hanga Roa. Dort gibt es die kulinarische Spezialität der Insel: »Curanto« – ein Eintopf mit unterschiedlichsten Zutaten wie Fisch, Süßkartoffeln und Maniok, gegart in einem Erdloch und mit Blättern zugedeckt.

Bunte balinesische Opfergaben

aus rosa Entenbrust, Bali-Gemüse, Glasnudeln und Rambutankompott

In einer mit Öl erhitzten Pfanne Entenbrüste auf der Hautseite ca. 5 Minuten bei mittlerer Hitze knusprig braten. Einmal kurz in der Pfanne wenden. Anschließend im auf 100° C vorgeheizten Backrohr auf dem Rost ca. 50 bis 60 Minuten gar werden lassen und anschließend salzen.

Im Bratenrückstand die Butter aufschäumen, die rote Currypaste kurz durchrösten und mit ein paar Spritzern Sojasauce ablöschen.

Karotten, gelbe Rüben, Spitzkraut, Maniokwurzel, Erbsenschoten, Palmenherzen waschen, schälen und in 3 bis 4 mm dicke Scheiben oder würfelig schneiden.

Danach Zwiebel und Knoblauch hacken und in Öl und Butter anschwitzen. Das geschnittene Gemüse dazugeben und mit etwas Brühe aufgießen. Bei kleiner Hitze bissfest garen. Das Gemüse mit Salz, Pfeffer, Muskatblüte, Chili, Koriandersamen und Kreuzkümmel abschmecken. Eingeweichte, gut abgetropfte Pilze darunter mischen.
Papaya schälen, entkernen und in mundgerechte Stücke schneiden. Kurz vor dem Anrichten dazugeben.

Rambutankompott und Glasnudeln: siehe S. 152

Besakih – der heilige Tempel

Überall auf der Insel Bali stößt man auf Zeremonien mit Opfergaben, die den Göttern und bösen Geistern dargebracht werden, um die Harmonie zwischen guten und schlechten Kräften wiederherzustellen und zu erhalten. Der Ort für die prächtigen Opfergaben ist Besakih, der heiligste aller Tempel.

Magische Zutaten für 4 Personen

4 Entenbrüste
rote Currypaste
Sojasauce

Bali-Gemüse

2 Karotten
2 gelbe Rüben
1 Maniokwurzel
1 Zwiebel
2 Knoblauchzehen
¼ Spitzkraut
Erbsenschoten
1 kleine Dose Palmenherzen
1 Papaya
Öl
Butter
Gemüsebrühe
Koriandersamen
Kreuzkümmel
Salz
Chili
Muskatblüte
Pfeffer
Kurkuma
1 Handvoll Wolkenohrpilze oder chinesische Morcheln
1 Packung Glasnudeln

Rambutankompott

20 Rambutan
1 Limette
Honig
Ingwer
rote Pfefferbeeren
Kokosraspeln

Rambutankompott

Frische Ramputan entkernen, schälen und mit Limettensaft gut beträufeln. Wasser mit Honig und Ingwerscheiben erhitzen, etwas abkühlen lassen, danach abseihen und über die Ramputan verteilen.

Dem fertigen Kompott mit roten Beeren und frischen Kokosraspeln den letzten Pfiff verleihen.

Glasnudeln

Glasnudeln kurz in kochendes Salz-Kurkuma-Wasser einlegen, abseihen und mit Kokosraspeln servieren.

Rambutan – die haarige Frucht

Der Name dieser Pflanze leitet sich aus dem Wort »rambut« ab, das »Haar« bedeutet, und verweist auf die stark mit Haarborsten besetzte Frucht. Sie ist mit der bekannten Litschi verwandt und schmeckt auch ähnlich. Das Fruchtfleisch der pflaumengroßen Rambutan-Früchte ist leicht verdaulich und reich an Vitamin C sowie Kalzium, Kalium, Magnesium, Eisen, Phosphor, Zink, Kupfer und Mangan.

Elsässer Flammkuchen

aus der Walpurgisnacht

Mehl, Öl und Salz zu einem glatten Teig verarbeiten. Damit er besonders geschmeidig wird, eventuell noch etwas Wasser und Öl zugeben. Den fertigen Teig in der Frischhaltefolie im Kühlschrank rasten lassen.

Birnen und Äpfel schälen und entkernen, in Scheiben oder kleine Würfel schneiden. Mit Zitronensaft, Rosinen, Zimt und Zucker vermischen. Crème fraîche mit Sahne, Vanillezucker und geriebener Zitronenschale glatt rühren. Das Backrohr auf 200° C Umluft oder 230° C Ober- und Unterhitze vorheizen.

Anschließend den Teig aus dem Kühlschrank nehmen und in vier Teile aufteilen. Nudelbrett mit Mehl bestäuben, jeden Teigteil in der Größe des Backblechs dünn ausrollen. Das Blech mit Backpapier belegen, dünn ausgerollten Teigteil darauf legen, mit der Creme gleichmäßig, aber nicht zu dick bestreichen. Mit dem Obst belegen, auf der untersten Schiene ca. 10 bis 12 Minuten goldbraun backen. Kuchen mit Anissamen bestreuen und in Stücke schneiden.

Tipp: Den Flammkuchen mit erwärmtem Calvados parfümieren und flambieren.

Klassischer Flammkuchen: Die Crème fraîche mit Salz und geriebener Muskatnuss würzen, den Speck und die Zwiebel würfelig schneiden und den geriebenen Käse darüber streuen.

Die Walpurgisnacht

Ihre Wurzel hat die Walpugisnacht in heidnischen Bräuchen, bei denen die Ankunft des Frühlings mit nächtlichen Freudenfeuern gefeiert wurde. Hexen ritten in dieser Nacht auf dem Besen zum Hexensabbat. Wer wissen wollte, ob der Freund oder die Freundin treu bleiben würde, pflanzte in dieser Nacht zwei Vergissmeinnicht mit ein wenig Erde auf einen Stein. Wenn die beiden Blumen aufeinander zuwuchsen, dann würde es zu einer Hochzeit kommen.

Magische Zutaten

250 g Weizenmehl
2 EL Öl
1 TL Salz
150 ml Wasser

2 Birnen
2 Äpfel
1 Zitrone
400 g Crème fraîche
1/8 l Sahne
Zucker
1 TL Vanillezucker
Rosinen
Zimt
Anissamen
Calvados

Drachenfruchtauflauf des Jadekaisers

Magische Zutaten für 4 Personen
150 g Milchreis
500 ml Sojamilch
150 ml Kokosmilch
50 ml Grüner-Tee-Extrakt
50 ml Reiswein
1 EL Zucker
Zimtrinde
Vanilleschote
Kardamomkapsel
Salz
Drachenfrucht
Nüsse
Schokoraspeln

Bananen-Mango-Kompott
Bananen
Mango
brauner Zucker
Reisschnaps

mit Bananen-Mango-Kompott

Sojamilch, Kokosmilch, Reiswein, den Tee-Extrakt mit einer Prise Salz und dem Mark einer Vanilleschote zum Kochen bringen. Reis hinzufügen und unter mehrmaligem Umrühren leicht köcheln lassen.

Nach ca. 20 Minuten mit Zucker, Zimtrinde und der Kardamomkapsel abschmecken und so lange weiterdämpfen, bis der Reis eine breiige Konsistenz hat.
Den fertigen Reis vom Herd nehmen, Zimtrinde, Kardamomkapsel und Vanilleschote entfernen.

Bananen und die Mango schälen, in Scheiben oder Würfel schneiden. Mit Braunzucker und Reisschnaps vermischen.

Die Drachenfrucht schälen und in Scheiben schneiden.
Tipp: Zum Verfeinern eignen sich Nüsse oder Schokoraspeln.

Yuhuang – der Jadekaiser

Der Jadekaiser, auch Yuhuang genannt, ist der höchste Gott im Taoismus. Er herrscht über Himmel und Erde und wird gerne mit schwarzem Bart auf einem Drachenthron dargestellt.

Der Saft der Hundertjährigen

aus dem Kaukasus

Kefirjoghurt, Kefirmilch und Quittensaft mit einem Teil der Beeren, Honig und geschälten, entkernten Apfelstücken in einem Standmixer fein pürieren.

Die Hälfte des sämigen Saftes in Gläser verteilen. Die verbliebenen Beeren und den restlichen Saft noch einmal durchmixen und die Gläser damit auffüllen.

Tipp: Frische Beeren oder Ananas auf Spießchen stecken und über das Glas legen.

Magische Zutaten für 4 Personen

½ l Kefirmilch
¼ l Kefirjoghurt
¼ l Quittensaft
1 Apfel
Maul- oder Brombeeren
Honig

Ein Schluck Kefir

Schon seit der Antike sind die gesundheitsfördernden Wirkungen sauer vergorener Nahrungsmittel wie Kefir bekannt. Kefir stammt ursprünglich aus den Regionen des Kaukasus und Tibet und trug die Bezeichnung »Getränk der Hundertjährigen«.

COOKING STAR